敦煌遗书古代体育文献整理

郭红卫　整理　校注

四川美術出版社

往參隨畢移東閣，延人筵坐

西京閣贊奏表，北吹軍民款

欽跟像　詔頒瀛寰萬國具物

兩廣，皇帝特封佩其

至出報紙，昨閱可以知道

之初亭列方在下

報送此書每月十六號遞為安見各處

室封船七百餘

悚頌之第　由臣懇請

協力　孝農休戚

士也夫今日吾申有謝……
吾不博奕（戲）也天子好博……
夫人好博交朋執事屋……
讀詩書不見好博……存……

打毬會　數日言會群公悉集……
驟衛藥明每事藥飾終……是毬……
聽便請降至不宜謹狀　參……
春厚意得倍隨便乃奔赴不敢……

身無言定隻陰智人戲園長……
通途爭不須看見村莫前後……

時候春草未新初雨後……
月情共言諸閑閑……
一派……新……節……得人……
紫……歸衣……
杖如月驟馬……風真……
……

丈夫百歲篇
壹拾香風綻藕花　弟兄如玉父娘誇
平明趁伴爭毬子　直至黃昏不憶家
貳拾顏容似玉珪　出門騎馬亂東西
縱知不解憂衣食　錦帛看如腳下泥
叁拾堂堂六藝全　縱非親友亦相連
……

自固之情不惜百病不[illegible]

牛原褥鋪於榻上。盤脚大坐。瞑目視臍。以綿塞耳。心絕念慮
以意隨呼吸一往一來。上下於心腎之間。勿亟勿徐。任其
自然。坐一炷香。後覺得口鼻之氣不粗。漸漸和柔。又一炷香
後覺得口鼻之氣。似無出入。後然緩緩伸脚。開目去耳
塞。下榻行數步。又偃卧榻上。少睡片時。起來啜淡粥半碗
不可坐(作)勞惱怒。以損靜功。每日能專心依法。行之兩月
之後。自見功效

神仙粥

藥蒸熟。去皮一升。鷄頭實半升。煮熟去殼。搗爲末。入粳米半升
火煮成粥。空心食之。或韭子末二三兩在內尤妙。食粥後用好熱酒
三盃。妙。此粥善補虛勞。益氣強志。壯元陽。止泄精。神妙

出自薊門行

羽檄起邊亭烽火入咸陽徵騎屯廣武
分兵救朔方嚴秋筋幹勁虜陣精且
强天子案劍怒使者遙相望鴈行緣
石徑魚貫度飛梁簫鼓流漢思旌甲
被胡霜疾風衝塞起沙礫自飄揚馬
毛縮如蝟角弓不可張時危見臣節世
亂識忠良投軀報明主身死爲國殤

是時淨飯大王為宮中無太子優悶尋
夜於百作一夢夢見雙陸頻輸者問大臣是何
旦登昇殿下夢見雙陸頻輸者為宮中無
頻輸大王問大臣如何求得太子大臣奏大
南滿江樹下有一天祀神善能求恩託福
子丞合審許是時大王排批鸞駕親自
祀神並甚生隊仗日月旗沆紅日初
牛行於天下無諍論清靜衣冠整隊

劍斉斷是

曲子生查子一樹開生松

長雖抹起頭故接青霄透

赴霞雲嫂且擁高

金殿選忠良合赴君王意

司前三尺龍泉劍使襄無之見金

張弓百隻金花箭為國

自爲曾征戰未望立功勳

後見君王面 定風波 切書奏勸

後見君王面 定風波 切書奏勸
能幾何爭如沙塞騁僂儸手
執六尋槍似鐵明月龍泉三尺
斬新磨堪羨昔時軍伍滿謗

儒仕德能康四塞忽聞狼煙起
問儒仕誰人敢去定風波 風吹

鑾飛仙御鎮紫雲武皇非意欲相[illegible]便回
太華三峰路不善咸況萬素春詩人淡漂遂
中華俠扶盡多是上清人猶教度世依[illegible]
莫憑浮榮候仙家

結客少年場行

驄馬金絡頭錦帶佩吳鈎失意杯酒間
白刃起相讎追兵一旦至負劍遠行遊
去鄉卅載復得還舊丘升高臨四關表
裏望皇州九衢平若水雙闕似雲浮
宮羅將相夾道列王侯日中市朝滿車
馬如川流擊鍾陳鼎食方駕自相求
我獨何為埳壈懷百憂

寒食篇

天運四時成一年八節相迎盡可憐秋貴重陽冬貴臘不如寒
食在春前禁火初從太原起風俗流傳幾千祀算來去年冬至時
一百五日今朝是今年寒食賸帶春節物　天子在東巡餘令氣色遍
洛河斗覺風光覽遊人王陽垂望春青見洛水猶流遶城殿夜上
樓臺列岸明風光所吹皆流遍畫閣夜之歌半天依佛雲雲裏見歡遷
錢神女從雲下去似恒娥到月邊金鞍靸者金鞭早先過酒上金橋
場共開海南鶴春遊遍在東郊直千金買作綴流蘇
笙鋪莫毯先普童寵閣自有金鞍輕乘珠心移向者莊
殺射凌波步池中弄水白鷗飛樹下拋毬彩纓去周殿前臨走
鞭毬更差彩毬來毬落畫樓擊打取枝經香任踏花四良辰更
寒食三月能成晝夜芳菲節今夜無明月作燈街衢燃賞何曾歇
南有龍門對洛城車馬傾都滿路行縱使遨遊今日罷明朝尚自有清明

呼吸靜功妙訣

人生以氣為本。以息為元。以心為根。以腎為蒂。天地相去八萬四千里。人心腎相去八寸四分。此腎是內腎。臍下一寸三分是也。中有一脈。以通元息之浮沉。息總百脈。一呼則百脈皆開。一吸則百脈皆闔。天地化工流行亦

相思意。著著舊羅囊。雙雙金鳳凰　又請
節近千山綠。輕舟過十女。邀如東。北陌正花若。必有
馬郎羅府香袖薄。佯醉拋鞭落。向因更過翊

龍子不教問 富貴[illegible]

嗟深紅移向戚新疑說也 以得主留[illegible]

欲得藏鉤語[illegible]妃宮女任相[illegible]

西風高語[illegible]打鉤[illegible]

欲得藏鉤語[illegible]妃宮文任相[illegible]一百人[illegible]

西風高語[illegible]打鉤[illegible]

經頭抵[illegible]章[illegible]宣[illegible]

得衍蓋勝輸林[illegible]

題尚食[illegible]盤三[illegible]一枝[illegible]

走下[illegible]行把[illegible]

夜飲宮人[illegible]醉[illegible]

瞑[illegible]

才人[illegible]得[illegible]

[illegible]

[illegible]

[illegible]

排役[illegible]

[illegible]三四年[illegible]

[illegible]

[illegible]

[illegible]

[illegible]

[illegible]

[illegible]

[illegible]

[illegible]

處擺西門近社遊覽之景況
有人來廟看燈籠現之處
羅天[illegible]往來往其
[illegible]鳴所山去州十
[illegible]東西八十里南北四十里高
[illegible]大悲紙所聚處此山神
[illegible]割戒其間有井深不
[illegible]夏自鴉入耳戴之聲
[illegible]下日城中士女
[illegible]齊風下其
[illegible]至暖背之山

绪　言

中国民族传统体育文化源远流长、绚丽多姿、内涵丰富、博大精深，是中华民族的劳动与智慧的结晶，也是中华文明的重要组成部分。射箭、蹴鞠、马球、捶丸、摔跤、投壶、养生保健体育、武术、棋牌、赛马等传统体育项目既为华夏民族文化增添过光辉，也吸引和影响过世界许多民族，成为世界体育文化的重要组成部分。

在古代，我国敦煌地区各族人民创造了灿烂辉煌的文化艺术。莫高窟作为文化遗产于1987年被列入《世界遗产名录》。敦煌壁画、彩塑与藏经洞所出古代文献保存了丰富、生动的民俗体育活动资料，使我们得以了解当时体育活动的生动场景。自两晋至隋唐五代时期，敦煌地区的体育活动丰富多彩，几乎涵盖了我国古代体育的各种门类，如角力技巧（角抵、摔跤、相扑、筋斗）、博弈游艺（棋弈、投壶、风筝、秋千、竹马、藏钩）、球类（蹴鞠、马球、步打）、骑射（射箭、赛马）、投掷竞跑（投槊、标枪、掷重、竞走）、跳跃（逾高、跳远）、登高踏青（登山、踏青、滑沙）、水上项目（游泳、操舟）、武术、举重、养生等。

目前，包括古代敦煌体育文化在内的我国传统体育文化正面临前所未有的发展机遇。

2013年9月7日，习近平总书记在哈萨克斯坦纳扎尔巴耶夫大学发表题为《弘扬人民友谊 共创美好未来》的演讲，首次提出共同建设“丝绸之路经济带”的倡议。2013年10月3日，习近平总书记在印度尼西亚国会发表题为《携手建设中国－东盟命运共同体》的重要演讲，首次提出共同建设21世纪“海上丝绸之路”的倡议。党的十九大报告提出，要以“一带一路”

建设为重点，坚持“引进来”和“走出去”并重，遵循共商共建共享原则，加强创新能力开放合作，形成陆海内外联动、东西双向互济的开放格局。

2017年初，为建设社会主义文化强国，增强国家文化软实力，实现中华民族伟大复兴的中国梦，中共中央办公厅、国务院办公厅印发了《关于实施中华优秀传统文化传承发展工程的意见》。该《意见》充分肯定传统体育的价值和意义，提出丰富拓展校园文化，推进传统体育进校园；推动民族传统体育项目的整理研究和保护传承；发展传统体育，抢救濒危传统体育项目，把传统体育项目纳入全民健身工程；充分运用体育活动助推中华优秀传统文化的国际传播；在教育、体育等领域相关法律法规的制定修订中，增加中华优秀传统文化传承发展内容。

季羡林先生曾说：“世界上历史悠久、地域广阔、自成体系、影响深远的文化体系只有四个：中国、印度、希腊、伊斯兰……而这四个文化体系汇流的地方只有一个，就是中国的敦煌和新疆地区。”敦煌遗书之中的体育文献不仅是我国古代体育文化的珍贵遗产，而且是古代丝绸之路中外体育文化交流的历史见证。

在敦煌遗书中，具有一定数量的古代体育文献（佛经、文书、变文、诗歌等），其内容包括射箭、蹴鞠、马球、围棋、双陆、导引、投壶、武术等，例如著名的古代围棋文献《棋经》（现藏于大英博物馆，编号为S.5574）、古代导引术文献《呼吸静功妙诀》（现藏于法国国家图书馆，编号P.3810）、以古代打马球为主题的变文《捉季布传文》（现藏于法国国家图书馆，编号为P.3697）和诗歌《杖前飞》（现藏于法国国家图书馆，编号P.2544），等等。除了这些文字性质的资料，还有图像资料，例如道教文献《无上金玄上妙道德玄经》残卷（现藏于法国国家图书馆，编号P.2002）的背面（编号P.2002V）

的白画相扑稿（即本书封面选用的图像）。我国敦煌学和体育学专家学者已经注意到流失海外的敦煌遗书中的古代体育文献并开展过梳理工作，但梳理尚缺乏系统性和完整性，已有成果除了成恩元先生的《敦煌碁经笺证》（蜀蓉棋艺出版社，1990）之外，还没有发现专门的出版物。

本书主要从流失至英国、法国等国的敦煌遗书之中搜集古代体育文献，按照古代体育项目类别，以原始文献图片和点校文字相对照的方式呈现流失海外敦煌遗书中的古代体育文献内容，部分文献同时辅之以注疏和有关历史文化背景的介绍以利于读者理解。

本书对于流失海外的敦煌遗书中的古代体育文献进行挖掘和整理，不仅有助于深入研究我国古代体育和中外古代体育文化的交流、融合，复兴中华优秀传统体育文化，而且对于坚定“文化自信”、讲好中国故事、服务“一带一路”倡议、实施中华优秀传统文化传承发展工程，加强敦煌学研究都具有一定的意义。同时，本书有助于接续并传扬古代体育文化，具有较高的文化传承价值。敦煌是世界文化遗产，对古代敦煌文化进行挖掘、整理及保存，也就是对这一世界文化遗产进行保存和保护。

目录

22册
法藏敦煌文献

5册
英藏敦煌文献

射箭

太子竞射图 | 五代 | 敦煌藏经洞绢画 · 局部 | 巴黎吉美博物馆藏

丙寅年羊司付羊及羊皮历状

P.3272

该文献是P.3272的一部分，位于P.3272右侧第1至4行。据研究者推断，该文书写于公元966年（丙寅年），是归义军时期的一份经济文书，记录了为举办宴会进行的支破羊只的情况，其中包括是年正月司空举办宴会之后的“射羊”活动的内容。当时的司空应为归义军最高首脑曹元忠之侄曹延恭。曹元忠主政敦煌时期是曹氏归义军集团政权最为稳定的时期。正月期间举行宴会，具有显示国泰民安的象征意味。所谓“射羊”，是指以羊为奖品的射箭比赛活动。根据该文献的内容，参照唐代其他文献可知，唐代宫廷和官府举行宴会之后，习惯举行射箭比赛并对获胜者设有一定的物质奖励。

（前缺）

肆口羯[1]（印）[2]大白羊[3]壹口，皮拾贰张（印），

司空传局白羊羯两口，羖[4]羯壹口，又付宋宅官[5]羖羊羯

肆（叁）口，羖母羊壹口，又众现射羖羊羯壹口（印），又付宋

宅官神白羊[6]羔子壹口，白羊皮两张，又白羊羯壹口。

[1] 羯（jié），公羊，有时特指骟过的公羊。

[2] 此处指文书上的鸟形印盖，此篇共三个，后不再一一说明。

[3] 敦煌当地饲养的羊，分为两大品种，即绵羊和山羊。敦煌文献的“白羊”，是绵羊的泛称，并非指白色的羊。

[4] 敦煌文献的“羖”（gǔ）是指家山羊，往往被误解为公羊、黑色的羊或者黑色的公羊。“家山羊”一解可参见高启安：《唐五代时期敦煌的宴饮“赌射”——敦煌文献P.3272卷“射羊”一词小解》，《甘肃社会科学》，2011年第6期，第207-211页；高启安：《信仰与生活：唐宋间敦煌社会诸相探赜》，兰州：甘肃教育出版社，2013年版；高启安：《“羖羊”及敦煌羊只饲牧方式论考》，《西北民族大学学报》（哲学社会科学版），2013年第2期，第39-47页。

[5] 宅官，即负责归义军节度使内宅事务的人员。

[6] 根据西北民俗，神羊是指从羊群中选出的不能剪毛和宰杀，也不能役使的羊。根据该文献，归义军时期敦煌的神羊由被阉割的羯羊担当，但没有资料说明是否可以宰杀和剪毛。

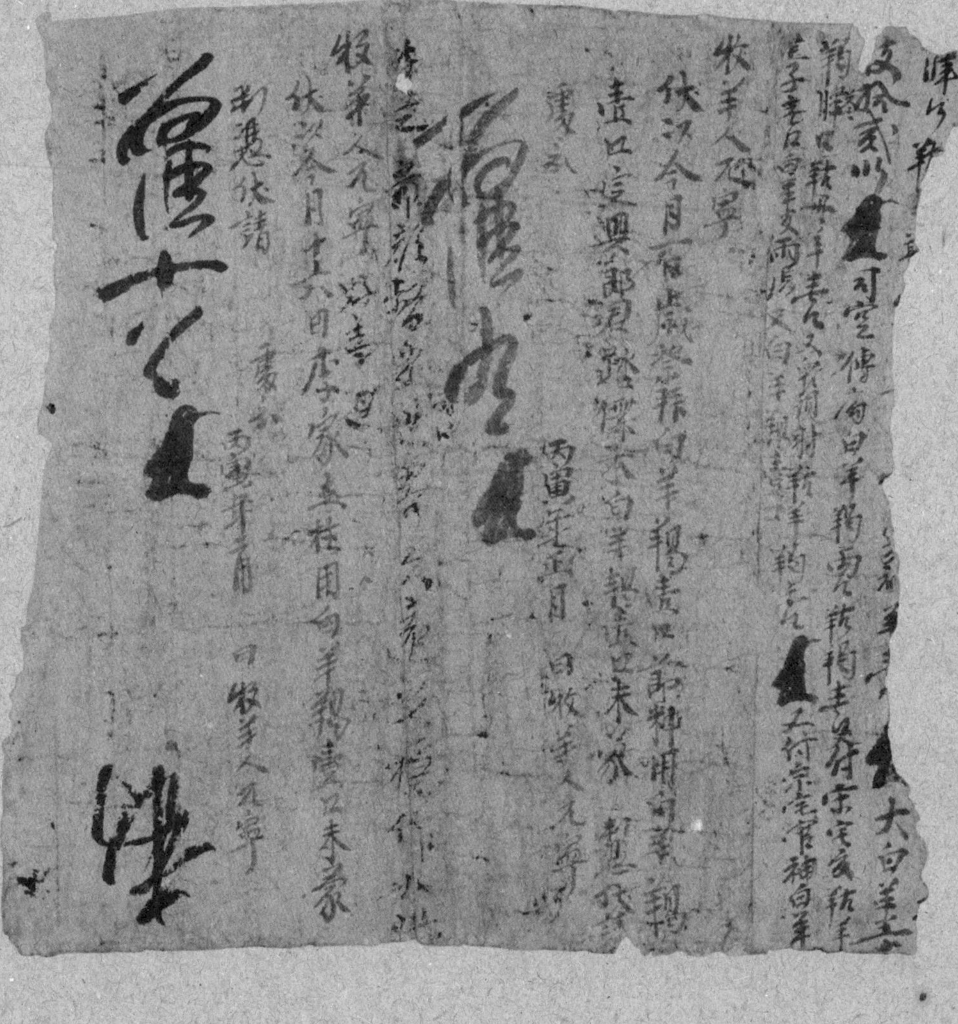

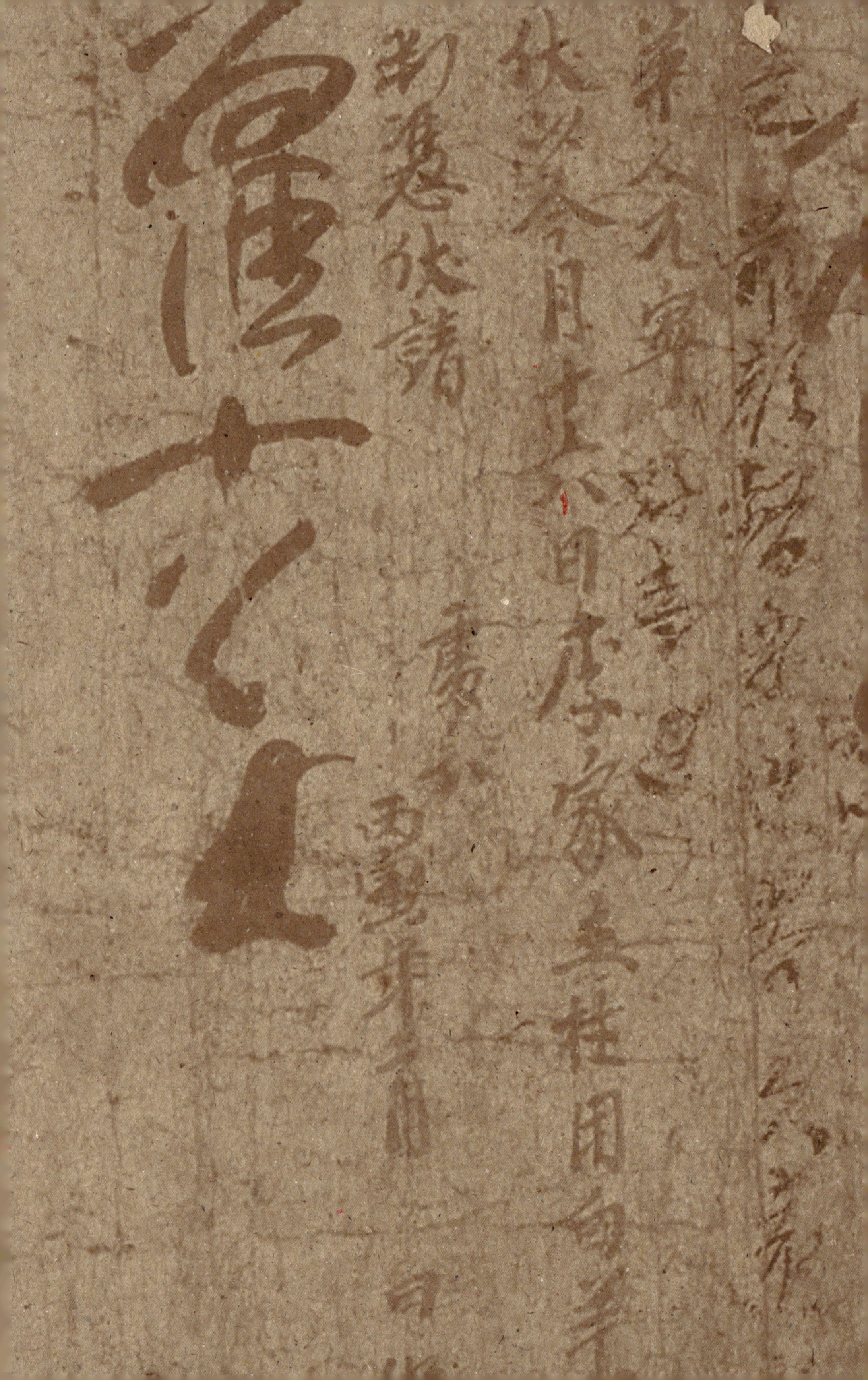

来。衾虎亦（一）见，喜不自胜，只揖蕃王，当时来射。衾虎十步地走马，二十步地臂上捻弓，三十步腰间取箭，四十步搭阔（栝）当弦，拽弓叫圆，五十步翻身倍（背）射。箭既离弦，世（势）同擗竹，不东不西，况（向）前雕咽喉中箭，突然而过，况（向）后雕擗心便着，双雕齐落马前。蕃王亦（一）见，一齐唱好。天使接世（势）便赫（吓）：『但衾虎弓箭少会些些，随（隋）文皇帝有一百二十指挥，射燕（雁）都，尽总好手。』蕃王闻语，连忙下马，遥望南朝拜舞，叫呼万岁。拜舞既了，遂拣细马百匹，明驼千头，骨咄、羱羝、麋鹿、麝香，盘缠天使。衾虎便辞，登途进发。前后不经旬日，便达长安，直指阁门，所司入奏。皇帝闻语，便令赐对。衾虎得对，趋过萧墙，拜舞叫呼万岁。皇帝亦（一）见，喜不自升（胜），遂赐衾虎锦彩罗纨，金银器物，美人一对，且归私地（第）憩歇，一月后别有进旨。衾虎拜武（舞）谢恩，便来私宅憩歇。

韩擒虎[1]话本

S.2144

《韩擒虎话本》，敦煌变文之一，亦称《韩擒虎画本》，一卷，现藏于大英博物馆，全卷218行，共有5752字。《韩擒虎话本》创作于宋代[2]，是敦煌话本中保存较为完整的作品之一，是一部描写隋文帝杨坚建立王朝和隋朝开国名将韩擒虎立功事迹的话本小说，被认为是我国古代小说史上英雄人物演义之祖，对后世小说产生了深远影响。《韩擒虎话本》的主要内容包括杨坚称帝、韩擒虎渡江平陈、韩擒虎与突厥首领赌射及奉使和蕃、射雕等，讲述的历史事件与《隋书》记载的史实既有相合之处，也有不一致的地方，表现了话本具有文学故事的特征。《韩擒虎话本》有两段内容描述了射箭：其一是韩擒虎在长安与北蕃大夏单于派遣的突厥首领进行的“赌射”即射箭比赛，其二是韩擒虎在其出使和蕃过程之中表演的一箭射双雕，展示了韩擒虎的高超射艺。

[1] 为避唐太祖名讳，“韩擒虎”一名在此话本中均为“韩衾虎”。参见张涌泉《敦煌文献的断代》，出自《敦煌写本文献学》，甘肃教育出版社，2013年12月版，第614-643页。

[2] 参见张涌泉《敦煌文献的断代》，出自《敦煌写本文献学》，甘肃教育出版社，2013年12月版，第614-643页。

前后不经旬日，有北蕃大下（夏）婵（单）于遂差突厥守（首）领为使，直到长安，遂色（索）隋文皇帝交战。皇帝闻语，聚集文武百寮大臣，总在殿前。皇帝宣问：『婵（单）于色（索）寡人交战，卿意者（何）？』皇帝才问，蕃使不识朝疑（仪），越班走出：『臣启陛下：蕃家弓箭为上，赌射只在殿前。若解微臣箭得，年年送供（贡），累岁称臣。若也解箭不得，只在殿前，定其社稷！』皇帝闻奏，即在殿前，遂安社（射）堕（垛），画二鹿，便交（教）赌射。蕃人已（一）见，喜不自升（胜），拜谢皇帝，当时便射。箭发离弦，势同僻（劈）竹，不东不西，恰向鹿齐（脐）中箭。皇帝亦（一）见，宣问大臣：『甚人解得？』时有左勒将贺若弼：『臣愿解箭！』皇帝闻语：『衣（依）卿所奏！』贺若弼此时臂上捻弓，腰间取箭，答（搭）阔（栝）当弦，当时便射。箭起离弦，不东不西，同孔便中。皇帝亦（一）见，大悦龙颜，应是合朝大臣，一齐拜舞，叫呼万岁。时韩衾虎亦（一）见箭不解，不恐拜舞，独立殿前。皇帝宣问：『卿意者何？』衾虎奏曰：『臣愿解箭。』皇帝闻语：『衣（依）卿所奏！』衾虎拜谢，遂臂上捻弓，腰间取箭，答（搭）阔（栝）当弦，当时便射。箭既离弦，世（势）同雷吼，不东不西，去蕃人箭阔（栝）便中，从栉至镞，突然便过，去射堕（垛）十步有余，入土三尺。番人亦（一）见，惊怕非常，连忙前来，侧身便拜。衾虎亦（一）见，责而言曰：『叵耐小兽，便意生心，扰乱中园（原），如今殿前，有何理说？』蕃将闻语，惊怕非常，当时便辞，登徒（途）进发。隋文皇帝亦（一）见，遂差韩衾虎为使和番。衾虎受宣，拜舞谢恩，面辞圣人，与蕃将登途进发。

前后不经旬日，便到蕃家解守（界首）。单于接得天使，升枨（帐）而坐，遂唤三十六射雕王子，总在面前处分：『缘天使在此，并无歌乐，蕃家弓箭为上，射雕洛（落）雁，供养天使。』王子唱诺，一时上马。忽见一雕从北便来，王子亦（一）见，当时便射。箭既离弦，不东不西，况（向）雕前翅过。单于亦（一）见，忽然大怒，处分左右，『把下王子，便擗腹取心，有挫我蕃家先祖！』天使亦（一）见，仿（方）便来救，启言蕃王：『王子此度且放。但某乙愿请弓箭，射雕供养单于。』单于闻语，遂度与天使弓箭。衾虎接得，思微（惟）中间，忽有双雕，争食飞

帳前，遂喚二十六射雕王子，總在面前，處分蕃家：天使在此，並無歌樂，
蕃家弓箭為上，射雕落雁，供養天使。王子唱喏，一時上馬，忽見一雕
從北便來，王子亦見，當時便射，箭既離弦，不東不西，況雕前翅
過。單于亦見，忽然大怒，處分左右，把下王子，便擬腰斬。心有[illegible]蕃
家先祖天使亦見，方便來救，啓言蕃王：但[illegible]請弓箭，射雕供
養。單于聞語，遂度與天使弓箭。拿虎接得思惟，中間忽有雙雕，爭
食飛來。拿虎亦見，喜不自勝，在稍蕃王處，時來射。拿虎十
步地走馬，臂上捻弓，二十步，當弓開，四十步，搭箭當弦，捻弓叫
五十步，離身便射，箭既離弦，世同擗竹，不東不西，況雕咽喉中
箭[illegible]而過，況後雕擗心便著，雙雕齊落馬前。蕃王亦見，
一齊唱好：天使接世使謀，但拿虎弓箭少會，世世適文皇帝有
一百二十箱射雕都盡，總將手蕃王，聞語連忙下馬，遙望南朝
拜舞，叫呼萬歲，拜舞既了，遂揀細馬百匹，明駝千頭，骨咄
羚麝香，盤纏天使拿虎，便辭登程，[illegible]前不經旬日，便達
長安，直詣閣門，奏皇帝，聞語便令引對。拿虎得對，拜舞
嗌拜舞，叫呼萬歲。皇帝亦見，喜不自勝，遂賜拿虎錦綵羅紈，金銀
器物，一對二人，且歸私第。憩歇一月，後別有進旨，拿虎歸
私宅，憩歇，前後不經兩旬，拿虎忽覺神思不安，[illegible]

韩擒虎话本

歸朴如今何友不經旬日有北蕃大下單于遂差突厥首領為使直
到長安遂索之皇帝交戰皇帝聞語詔集文武百寮大臣總在殿前
皇帝宣問單于色寡人交戰卿意者何皇帝才問蕃使不識朝儀
越班走出臣啓陛下蕃家弓箭為上賭射只在殿前若解微臣箭
得年年送供累歲稱臣若射微臣箭不得只在殿前定其社稷
皇帝聞奏即在殿前遂安社垛上畫二鹿便交賭射蕃臣見
蕃不自恃拜謝皇帝當時便射箭發離弦勢同擗竹不東不西恰
向鹿臍中箭皇帝亦見宣問大臣甚人解得時有右衛將
賀若弼進臣願解箭皇帝聞語依卿所奏賀若弼遂此時臂上
捻弓取箭搭括當弦當時便射箭起離弦不東不西
便中皇帝亦見大悅須臾遣合朝大臣一齊拜舞呼萬歲
時韓擒虎亦見蕃箭不解不忿拜舞獨立殿前皇帝宣問卿意若
何擒虎奏曰臣願解射皇帝聞語依卿所奏擒虎拜謝遂上臍上
捻弓取箭搭括當弦當時便射箭既離弦世同雷吼不
東不西去蕃人箭括便中從桿至鏃突然便過去射垛十步有
餘入土三尺蕃人亦見驚怕非常連忙前來側身便拜擒虎亦見
蕃人而言曰對何小賊便意逃走擾亂中國如今殿前有何理該
蕃使聞語怕非常當時便辭官遠進貢文皇帝亦見遂

餐食單于同落遂度，天使弓矢常奪虎，接得思探中恫，忽有雙鵰
飛來，金餐亦覓，喜不自勝，極揖蕃王，旁將來射，金餐虎
步，使生齊上擡弓，三十步剸取，四十步擡恫，擡弓
五十步能身搭射，箭既離弦，世間辯竹，不東不西，況而鵰咽喉
前，鵰無而過，況後鵰，擗心便著，雙鵰齊落馬前，蕃王亦見
齊喝好，天使接世，便拜，但喜奉坐前，々會世々通，文皇帝
百二十指揩射鷲鳥都盡，惣將手蕃王，側搭遑忙下馬遙望
拜舞叫呼萬歲，拜舞既了，遂探胸馬首，定朋毳年頭肯咄
種麋鹿麝香，膃遑，便天使，奏便拜，從[旁注：進]進蕃，前不[旁注：後]遑自便
侯天直指惆打[旁注：？]之奏皇帝，倘使今賜對，喜皇帝，揖起遣[旁注：？]
拜舞叫呼萬歲，皇帝亦見喜不自勝，因賜金帛錦綵羅綾

何衾虎奏曰臣新射見皇帝所依此奏衾虎拜謝蘭□
坐弓弄箭何敢當個語方時便射其劈龍位世同當闌□
中不西蕃人一箭腰便中從之射至鏃處便遥去射垛十步□
時入土三尺蕃人亦見皆言非常連忙前來側身便拜衾虎亦□
真而言曰對面小戲便意走摸飢中□團以令殿前有何難□
衛將射之撥箭指非常去時便辭當途進發遂見文皇帝□見□
君辭衾虎為今秋蕃衾虎已至宣拜舞謝恩面辭聖人已到蕃
且達集發前後不經旬日便到蕃家所守單于接得天使見
依而坐遂喚三十六射鵰王子總在面前處分天使在此並無處□
蕃家弓箭為上射鵰之處與天使王子唱諾一時上馬忽見一鵰
從便來王子亦見當時便射從前歇雖不西況鵰前□

球类运动

打马球仕女俑 | 唐代 | 台北故宫博物院藏

打球会与答书

P.3691

出自《新集书仪》，五代时佚名撰写，无序言。书仪是以供人模仿、套用的书札范本为主，兼有典礼仪注的一种实用文书。在内容编纂、行文规律和结构格式方面，书仪具有鲜明的特色。书仪的编者既要撰集一封封适用于不同场合、不同对象的书信，又以序例说明或者正文夹注的方式叙述书札行文用语涉及的礼仪规范。唐代有多种版本的书仪。《新集书仪》是敦煌当地人编写的书仪，是在中原权威性书仪的直接影响下，结合当地特点，本着实用原则编写的，是中原书仪的延伸和发展。与其他书仪相比，《新集书仪》增加了幕府官吏日常生活往来的有关书仪，《打球会》及《答书》即为其中的一种，其内容为邀请对方打马球的书信及对方的答书样本，说明马球是古代敦煌颇为流行的运动。

打球会

数日言会，群公悉集，朋流悦兴，无过击拂[1]，伏承几官骏卫爽明，每事华饰，终是球伯，美之难及，愿观(惭)，指拨，陪随仁听(德)，便请降至。不宣，谨状。

答书

忽奉来书，伏丞诸贤并至，深谢眷厚，喜得倍(陪)随，便乃奔赴，不敢推延。谨还状不宣，谨状。

[1] 击拂，唐代文献中表现马球动作的常见用词。

打毬會　數日言會群公悉集　翩流俯興無過擊拂伏承　參官
驂衛褒明每事華飾終是毬伯美文之雜及奠觀指撥隨任
聽便請降至不宣謹狀
參書忽奉來書伏承諸賢並至深謝
眷厚喜得倍隨便仍奔赴不敢推延謹還狀不宣謹狀

初入球场辞上马与球乐散谢

P.3691

《新集书仪》收入的两则书仪，内容均为接到打马球的邀请向对方表示谦让的书信范本。

初入球场辞上马

某乙微贱，不敢对某官同场上马。

客将再三屈上马，则然始上马。[1]

球乐散谢

某乙庸贱，伏蒙某官特赐同场球乐，

某乙下情无任感恩惶惧。

[1] “客将再三屈上马，则然始上马”一句，在原文之中为两列小字。

初入毬場辟上馬　厶乙微賤不敢對　厶官同場上馬（客將再三屈上馬則然始上馬）毬樂罷謝

厶乙庸賤伏蒙厶官特賜同場毬樂厶乙下情無任感恩惶懼　屈朝友及諸

归义军乐营都史严某转帖

P.2842

本件文书为归义军乐营都史严宝所发转帖，内容是通知乐营的艺人张苟子等 19 人备齐乐器、道具等，务必于指定时间（五月二十九日）和地点（敦煌的马球场）集合，准备举行包括舞狮子、耍飞剑等大型庆典表演。其中部分人员的姓名之后写有一小字“知”，表明此人已收到通知或已经知道。从其前后文书可知，该文献的年代推断为公元 889—897 年。该文书的内容说明，马球场是敦煌的重要公共场所，不仅用以举行马球比赛，而且也为乐舞表演场所。根据文书有水上表演的内容，研究者推断敦煌的马球场位于沙州城南、甘泉水北、分流泉侧，那里具备举行水上表演的条件。

奉处分，廿九日球乐，切要音声[1]。不准常时[2]，故须鲜净。

应来师子[3]、水出[4]、零剑[5]、杂物等，不得缺少一事。帖至，

今月廿九日平明，于球场门前取齐[6]。如不到者，官有重罚。

其帖立递相分付。如违，准上罚。五月廿八日都史严宝帖。

张苟子、石太平、白德子知[7]、安安子、安和平知、张□□、

张禄子、张再子、尹再晟、张再兴知、申胥仑、□□□、史老、

刘驿驿、曹收收、安藏藏、张安多、谈□□、姚小俊。

[1] 音声，即音乐、舞蹈、杂技等表演活动。

[2] 不准常时，意为不同于一般表演。

[3] 师子即狮子，表明表演的节目有狮子舞，即“太平乐”，亦称“五方狮子舞”。

[4] 水出，水上表演的道具。

[5] 零剑，即铃剑。“铃”指表演飞丸，“剑”指表演飞剑。

[6] 取齐，意为集合。

[7] “知”为小字，表示此人已知道或已经通知该艺人。

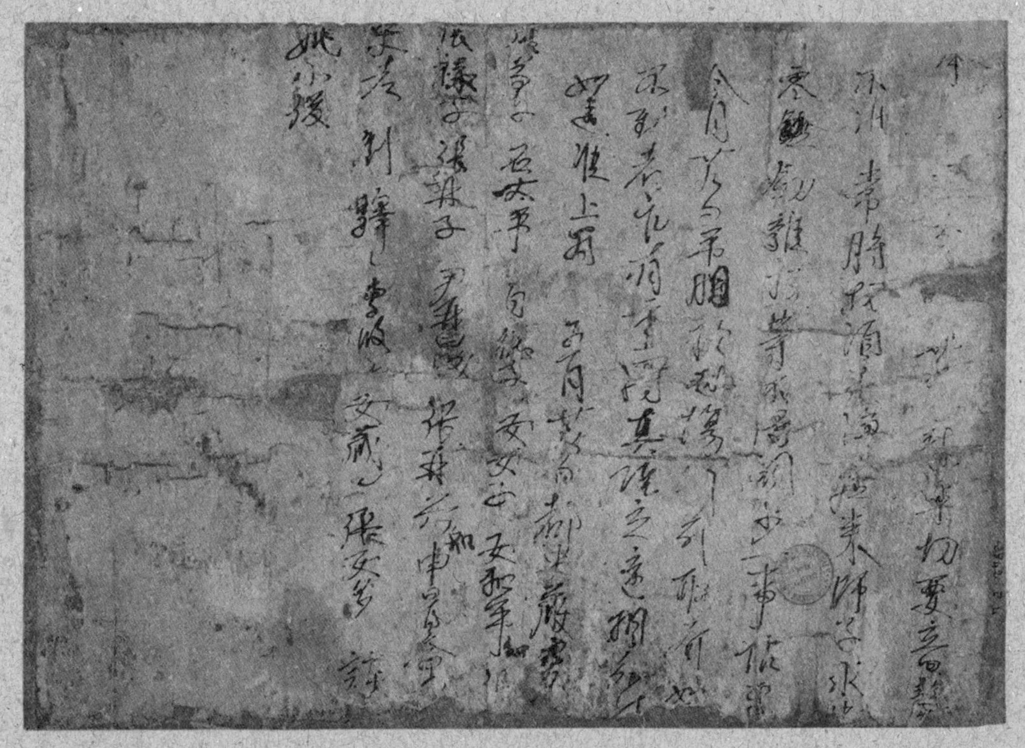

捉季布传文

P.3697

敦煌变文之一，长篇叙事诗，全篇640句，4474字，七言韵文，讲述楚汉相争时楚将季布的故事，内容源于《史记·季布栾布列传》和《汉书·季布栾布田叔传》。本篇以《史记·季布栾布列传》和《汉书·季布栾布田叔传》为基础，演述历史，敷衍故事，在民间流传颇广，是敦煌变文之中为数不多的"讲史"类卷子之一。《捉季布传文》描写了季布的文韬武略，其中包括他高超的骑术和马球技艺，对于研究唐代马球运动具有一定的价值。

似乌在罗忧翅羽，如鱼向鼎惜歧（鳍）鳞。
特将残命投仁弟，如何垂分乞安存。』
周氏见其言恳切：『大夫请不下心神。
一自结交如管鲍，宿素情深旧拔尘。
今受困厄天地窄，更向何边投莽人？
九族潘遭违敕罪，死生相为莫忧身。』
执手上堂相对坐，索饭同餐酒数巡。
周氏向妻申子细，还道『情浓旧故人。
今遭国难来投仆，辄莫谈量闻四邻』。
季布遂藏覆壁内，鬼神难知人不闻。
周氏身名缘在县，每朝巾帻入公门。
处分交（教）妻盘送饭，礼同翁伯好
供勤（承）。
争那高皇酬恨切，扇开帘倦（卷）问大臣：
『朕遣之（诸）州寻季布，如何累月音不向（问）闻？
应是官寮（僚）心怠慢，至今逆贼未藏身。』
遂遣使司重出敕，改条换格转精勤。
白土拂墙交画影，丹青画影更邈真。
所在两家圃（团）一保，察有知无具状申。
先拆重棚除覆壁，后交播土更扬尘。
寻山逐水薰（熏）岩穴，踏草搜林塞墓门。
南北盘旋如掣电，东西怀协似风云。
朱解当时心大怪，愕然直得失精神。
心粗买得庸愚使，看他意气胜将军。
名曰典仓应是买（假），终知必是楚家臣。
唤向厅前而问曰：『濮阳之日为因循，
用却百金忙买得，不曾子（仔）细问根由。』
看君去就非庸贱，姓何（何姓）何名甚处人？』
季布既蒙子（仔）细问，心口思惟要说真。
击分（激忿）声悽而对曰：『说着来由愁煞人！
不问且言为贱士，既问须知非下人。
楚王辩士英雄将，汉帝怨家季布身。』
朱解忽闻称季布，战灼唯忧祸入门。
『昨见司天占奏状，三台八坐甚芬芸（纷纭）。
又奏逆臣星昼现，早疑恐在百寮门。
不期自己遭狼狈，将此情由何处申！
诛斩解身甘受死，一门骨肉尽遭迍。』
季布得知心里怕，甜言美语却安存：
『不用惊狂心草草，大夫定意但安身。
见今天下搜寻仆，捉得封官金百斤。
君但送仆朝门下，必得加官品位新。』
朱解心粗无远见，拟呼左右送他身。
『怜卿计策多谋略，旧恶些些总莫论。
赐卿锦帛并珍玉，兼拜齐州为太君（守），
放卿衣锦归乡井，光荣禄重贵宗卿。』
季布得官而谢敕，拜舞天阶喜气新。
密保（报）先谢朱解得，明明答谢濮阳恩。
敲镫沤（讴）歌归本去，摇鞭喜得脱风尘。
若论骂阵身登贵，万古千秋只一人。
具说《汉书》修制了，莫道词人唱不真。

儿郎伟·十道销戈铸戟

P.3702

敦煌歌辞，首残尾全，调名、篇题、作者皆无。敦煌文献中有若干篇称为《儿郎伟》的歌辞，以六言和四言为主，间有五言和七言，有时四言、五言、六言、七言间杂，每首一韵到底，多数标有“音声”二字，说明可以入乐。《儿郎伟》分为驱傩文、上梁文、障车文三类，分别是在驱傩、上梁和婚姻障车（即拦花轿要红包）等场合应用的歌辞，都具有祝愿、歌颂之义。这些歌辞大多数作于张议潮、张淮深叔侄及曹世金等统治敦煌时期，是敦煌的地方文学，唐以后历代有人仿作，直至清代不绝。关于“儿郎伟”三字，学界看法不一：有的学者认为“儿郎伟”三字仅是和声，并无实际意义；有的学者认为表示“儿郎们”；还有的学者认为其字面意思是“儿郎气勇”。该歌辞六字一句，与其他若干称为《儿郎伟》的敦煌文献相同，因此通常拟题为“儿郎伟”，又因首起“太平。十道销戈铸戟”，故题为“儿郎伟·十道销戈铸戟”，其主题为庆祝军事顺利，其中有在马球场举行庆祝仪式的内容，是研究敦煌马球的重要资料。

（前缺）太平。十道销戈铸戟，三边罢战休征。銮驾早移东阙，圣人再坐西京。南蛮垂衣顺化，北军伏款钦明。优诏宣流紫塞，兼加恩赐西庭。皇帝对封偏奖，驷骑已出龙城。昨闻甘州告捷，平善过送邠宁。朔方安下总了，沙州善使祗迎。比至正月十五，球场必见喜声。尚书封加七百，锦珍恰似撒星。大将幞头匹帛，内臣亲捧来程。百姓总顶帽子，自后必合头轻。大家亟须努力，营农休取紫柽。家国仓库盈满，总愿饭饱无倾。

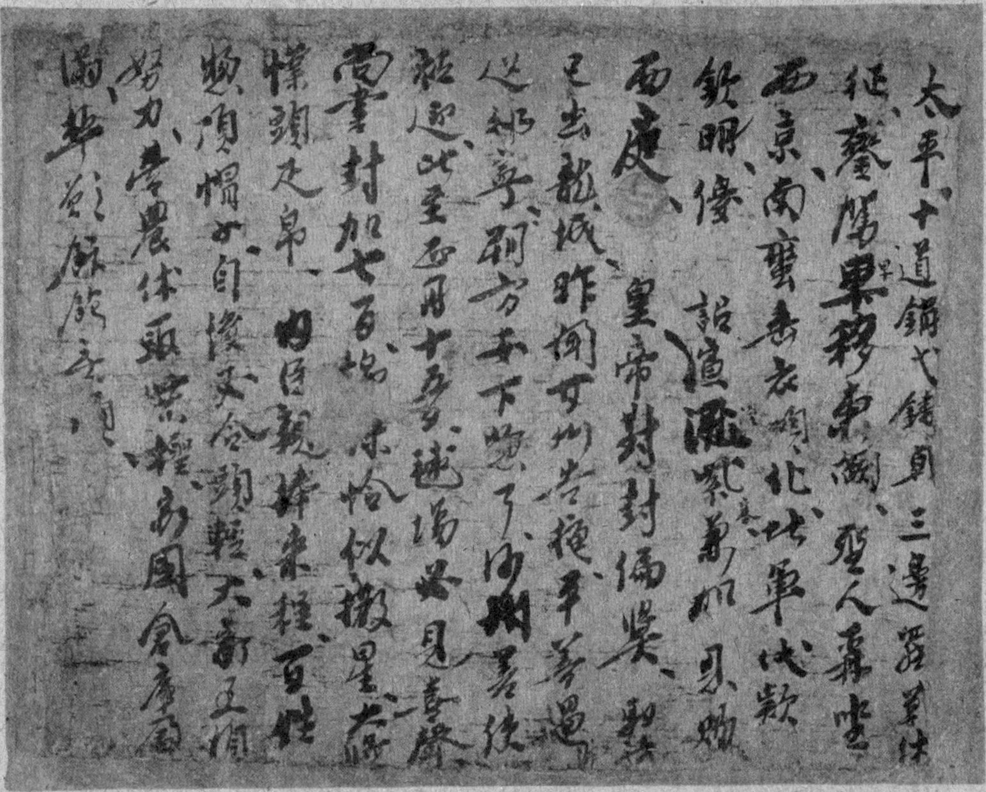

张淮深变文

P.3451

敦煌变文之一，首尾皆残缺，卷末无撰写或抄写题记，行文内容没有年代记载，记述回鹘两度侵犯敦煌归义军辖境，均被尚书率领军队击败之事。孙楷第先生最早认为变文所称的尚书为张淮深，因此将该变文定名为“张淮深变文”，大多数学者均从此说。张淮深是归义军的创建者张议潮（799—872）的侄子，867 年之后成为归义军的首领和敦煌地方政权的实际统治者。890 年，敦煌归义军政权发生政变，张淮深夫妇及其六个儿子，一家八口被人杀害。《张淮深变文》有归义军获胜之后在马球场庆祝的内容，是研究敦煌马球的宝贵史料，说明敦煌的马球场具有仪式性空间的功能。

（尚书既擒回鹘）……（帝）因而厚遇之。群臣皆呼万岁。乃命左散骑常侍李众甫，供奉官李全伟，品官杨继瑀等，上下九使，重赍国信，远赴流沙。诏赐尚书，兼加重锡，金银器皿，绵绣琼珍，罗列球场，万人称贺。诏曰：『卿坐镇龙……』……盖为远衔天子命，星驰犹恋陇山青。行歌圣日临荒垒，玉勒相催倍去程。遥望敦煌增喜气，三危峰翠目前明。到日球场宣诏谕，敕书褒奖更丁宁。尚书既睹丝纶诰，蹈舞怀惭感圣听。『微臣幸遇陶唐化……』……残，居人与蕃丑齐肩，衣着岂忘于左衽。独有沙州一郡，人物风华，一同内地。天使两两相看，一时垂泪，左右骖从，无不惨怆。安下既毕，日置歌筵，球乐宴赏，无日不有。是时也，日藏之首，境媚青苍；红桃初熟，九醖如江。天使以王程有限，不可稽留。修表谢恩，当即进发……

天因而孕遇之群臣皆呼万歲乃命左散騎常侍李

甫■伏兼官李全偉品官楊繼瑀等上下九使

賷 國信遠赴流沙 詔賜尚書兼加璽綬金銀

器皿錦繡瑣琊羅列毬場 万人稱賀 詔曰卿所鎮龍

……年十月……軍節……

方……

遠銜天子命 星馳猶憩隴山青 行歌聖日臨荒塞

勃相催啓吉程 還至敦煌…… 三峗峯翠目前……

場宣詔喻 勅書褒獎

此覲綸絲語 蹈舞懷戀…… 此世臣幸遇陶唐化

……帝……

戎居人与蕃醜齊肩衣着豈異於左衽獨有沙州一郡人

物風華一同內地天使兩兩相看一時垂淚左右驂從無不

■安下既畢日置歌筵毬樂宴賞無日不有是時

歲之首境媚青蒼 紅桃初熟九醞如江天使以王程

恨不可稽留修表謝 恩當即進發尚書遠送郊外拜表

杖前飞·马球

P.2544

敦煌歌辞，本无标题，《杖前飞·马球》为研究者拟定。内容描写马球比赛的时节、场景及双方队员的服装、球具、马匹、马具等，历史信息非常丰富，具有重要的史料价值。

时仲春，草木新，初雨后，路无尘。
林间往往林（临）花鸟，楼上时时见美人。
相唤同情共言语，闲闷结伴游球场。
侍中手执白玉鞭，都史乘骑紫骝马。
青一队，红一队，轲背铃笼（珂珮玲珑）得人爱。
前回断当不盈（赢）输，此度若输后须赛。
脱绯紫，著锦衣，银镫金鞍耀日晖。
场里尘非（飞）马后去，空中球势杖前飞。
求四（球似）星，仗（杖）如月，骤马随风直充（冲）穴。
人衣湿，马汗流，传声相问且须休？
或为马乏人力尽，还须连夜结残筹。

時仲春，草木新，初雨後，雲無塵。林間往往林花鳥，樓上時時見美人。相喚同情共言語，閑悶結伴就毬場。傳中手執白玉鞭，都史乘騎紫騮馬。青一隊，紅一隊，軻皆鐐鐐得人愛。前回斷當不盈輸，此度若輸還須賽。脫緋紫，著錦衣，銀鐙金鞍耀日輝。場裏塵非馬後去，空中毬勢杖前飛。毬似星，杖如月，驟馬隨風直衝穴。人衣濕，馬汗流，傳聲相問且須休。或為馬乏人力盡，還須連夜結殘籌。

藏駒

初年方物盡迎新，攜手[illegible]高樓早春

[附]

马球小史

△
古代波斯文学作品中的
打马球插图
美国纽约大都会艺术博物馆藏

在我国古代，马球是骑在马上持杆打球的运动竞赛形式，又名击鞠、打球、击球等。关于马球的起源，目前还没有一致看法，有汉代起源说、波斯起源说、吐蕃起源说等观点。

马球在我国唐代尤为流行，盛行于唐代宫廷、上层和军中。唐代许多文物是珍贵的打马球史料，包括壁画、铜镜、陶俑、石碑等，其中知名的有唐章怀太子墓的打马球壁画，法国吉美博物馆收藏的仕女打马球俑，吐鲁番阿斯塔那古墓出土的男子打马球俑、唐长安大明宫含光殿遗址出土的马球场石碑、扬州出土的打马球铜镜以及唐代福州的《球场山亭记》残碑等。

马球在唐代的流行程度之高亦体现在马球场数量之多。长安城作为唐朝的国都，建有不少马球场。根据考古发现和《全唐文》《全唐诗》《太平御览》《太平广记》等史籍记载，有唐一代，长安城至少有大明宫麟德殿球场、大明宫含元殿球场、光福坊永寿公主庙球场、平康坊长宁公主府球场、曲江月灯阁球场等共约十余处有明确史料或考古依据的马球场。此外，根据史料记载和考古发现，在洛阳、敦煌、福州等地，也建有马球场。

△

唐 · 章怀太子墓 · 打马球壁画（局部）

陕西历史博物馆藏

▷

唐 · 打马球铜镜

扬州博物馆藏

▽

男子打马球俑

吐鲁番阿斯塔那出土

新疆维吾尔自治区博物馆藏

马球也是唐诗常见的主题。开元年间的起居郎蔡孚有一首《打球篇》，描述玄宗率领的宫廷球队在北苑东头球场打球的盛况：

德阳宫北苑东头，云作高台月作楼。
金锤玉銮千金地，宝杖雕文七宝球。
窦融一家三尚主，梁冀频封万户侯。
容色由来荷恩顾，意气平生事侠游。
共道用兵如断蔗，俱能走马入长楸。
红鬣锦鬃风騄骥，黄络青丝电紫骝。
奔星乱下花场里，初月飞来画杖头。
自有长鸣须决胜，能驰迅走满先筹。
薄暮汉宫愉乐罢，还归尧室晓垂旒。

唐代马球运动相当普及，就连宫女和教坊女伎也迷上了打球，甚至接受专门训练。唐代女道士鱼玄机有首《打球作》可作为旁证："坚固净滑一星流，月杖争敲未拟休。无滞碍时从拨弄，有遮拦处任钩留。不辞宛转长随手，却恐相将不到头。毕竟入门应始了，愿君争取最高筹。"

宋元时期，马球运动仍较为盛行，有关文献记载和实物遗存亦多有所见，例如河南、山西境内宋金墓出土的打马球雕砖、内蒙古敖汉旗皮匠沟1号辽墓的打马球壁画等，皆为体现这一时期马球运动的可贵资料。

△
唐 · 仕女打马球俑
法国吉美博物馆藏

△

明 ·《宣宗行乐图》(局部)

故宫博物院藏

明清时期，马球运动仍有开展，故宫博物院收藏的明人绘制的《宣宗行乐图》是明代宫廷马球运动的难得的图像资料。

从敦煌遗书来看，马球运动在古代敦煌十分盛行。英藏敦煌文献《打马球书仪》(S.5636)、敦煌研究院藏《乾德二年(964年)归义军衙府酒破历》之中，都留下了关于古代敦煌马球运动的难得史料。

召蹴鞠书

P.3637

出自杜友晋编《新定书仪镜》。这是书仪编者撰集的邀请他人共同蹴鞠的书信，共有两封，内容大意都是说天气凉爽，空气怡人，适合蹴鞠。

召蹴鞠书

阴沉气凉，可以蹴鞠释闷，时哉时哉。垂情。幸降趾。不宣。谨状。

雨后微凉，纤尘不起，欲为打戏，能无从乎？故勒谘迎，枉驾为幸。不宣。谨状。

召蹴踘書

陰沉氣涼可以蹴踘釋悶時〻哉〻垂情幸降趾不

宣謹狀

雨後微涼纖塵不起欲為打戲能無從乎故

勒諮迎枉駕為幸不宣謹狀

蹴鞠小史

蹴鞠是我国古代的足球运动。

1973年长沙马王堆汉墓出土了战国早期文献《十六经·正乱》。这部文献中提到："于是（黄帝）出其锵钺，奋其戎兵。黄帝身禺（遇）之（蚩）尤，因而擒之。剥其□革以为干侯，使人射之，多中者赏。翦其发而建之天，名曰之（蚩）之旌，充其胃以为鞠，使人执之，多中者赏。腐其骨肉，投之苦醢，使天下噍之。"另依据西汉刘向《别录》一书中所载"蹴鞠者，传言黄帝所作，或曰起战国之时。蹋鞠，兵势也，所以讲武知有材也"等史料，可知我国早在战国时期就已经产生了蹴鞠。这一时期蹴鞠在临淄颇为流行。这在《战国策》和《史记》中，均留有以下的重要记载。如《战国策·齐策》载："临淄甚富而实，其民无不吹竽、鼓瑟、弹琴、击筑、斗鸡、走狗、六博、蹋鞠者。"

蹴鞠活动在汉代得到了继承与发展，不仅受宫廷贵族仿效，而且在军中也是锻炼将士体力的重要手段。唐代，蹴鞠进一步发展。当时的主要形式有两种，一种是无球门的蹴鞠活动，另一种是带球门的蹴鞠比赛。唐代诗歌常将蹴鞠与秋千相提并论，反映了男子蹴鞠、女子秋千是相当时髦、时尚的两项活动。王维有诗曰"蹴鞠屡过飞鸟上，秋千竞出垂杨里"，杜甫也留下了"十年蹴鞠将雏远，万里秋千习俗同"的诗句。这些诗歌不仅勾画了男儿蹴鞠、女子秋千的生动景象，也反映了由于青年男女对风流、时尚的追求而促进了蹴鞠活动广为开展的历史事实。

◁
唐·抱鞠童子俑，民间收藏

宋代，蹴鞠成为一种带有浓厚商业气息的游戏活动，更成为一种极具普及性和社会全民性的娱乐活动，得到了上自帝王，下至庶民、士兵，甚至妇女的喜爱。蹴鞠在宋代发展的标志之一是城市中出现了以表演蹴鞠为职业的艺人。这些艺人经常参加节日时的表演活动，临时结合在一起，组成演出班子，是一个具有明显的松散性和随意性的自由结合的群体。古代文献中常以“蹴鞠打球社”“齐云社”和“圆社”称之。《都城纪胜·社会》中载：“……又有蹴鞠打球社、川弩射弓社。奉佛则有上天竺寺光明会。……又有茶汤会。……七宝考古社，皆中外奇珍异货；马社，豪贵绯绿；清乐社，此社风流最胜。”

△
北宋 · 磁州窑白底黑花孩儿鞠球纹枕
河北博物院藏

◁
宋 · 红陶胡人踏鼓蹴鞠俑
1996 年江苏省镇江市五条街小学工地出土
镇江博物馆藏

蹴鞠在元代亦为常见的运动，“茶余饭饱邀故友……散闷消愁，惟蹴鞠最风流”。据熊梦祥《析津志·岁纪》载，每年二月的元大都，“游玩无虚日。上自内苑，中至宰执，下至士庶……香风并架，花靴与绣鞋同蹴，锦带与珠襦共飘；纵河朔之娉婷，散闺闱之旖旎，此游赏之胜事也”。

明清时期的蹴鞠形式一般为多人对踢，妇女和儿童参与蹴鞠者甚多，以健身和消遣为目的，不具备竞技特点。故宫博物院收藏的明代画家绘制的《宣宗行乐图》、上海博物馆收藏的杜堇《仕女图卷》、南京博物院收藏的《仕女行乐图》等绘画作品中均有蹴鞠这一运动。

清代末期，由于现代足球的传入，古老的中国蹴鞠逐渐走向沉寂。

△
明 · 杜堇《仕女图卷》(局部)
上海博物馆藏

◁
清 ·《仕女行乐图》(局部)
南京博物院藏

丈夫百岁篇

P.3821

《百岁篇》是把人的一生按百岁计算，以10年为单位加以歌咏的民间曲词。从其内容和分题看，主要有缁门、丈夫、女人三类作品。《缁门百岁篇》是写出家人虔心佛事的，是借用《百岁篇》曲调而写成的佛曲；《丈夫百岁篇》是写男人一生的；《女人百岁篇》是写女人一生的。无论何种《百岁篇》，都是用十章歌辞咏唱。该文献有诗句“平明趁伴争球子，直至黄昏不忆家”。关于这里的“争球子”是指什么球类运动，有的研究者认为是马球，有的认为是蹴鞠，也有的认为是步打球。

一十香风绽藕花，弟兄如玉父娘夸。
平明趁伴争球子，直至黄昏不忆家。
二十颜容似玉珪，出门骑马乱东西。
纵知不解忧衣食，锦帛看如脚下泥。
三十堂堂六艺全，纵非亲有（友）亦相连。
紫藤花下倾杯处，醉引笙歌美小（少）年。
四十看看欲下坡，近来朋友半霄（消）磨。
无人解到思量处，只道春光未由多。
五十强谋几是（事）成，一身何足料前逞（程）。
红颜以（已）向愁中改，白发那堪镜里生。
六十驱驱未肯休，几时应得渐优柔。
儿孙稍似堪分付，不用闲忧且自愁。
七十三更眼不交，只忧闲事未能抛。
无端老去令人笑，衰病相牵似拔茅。
八十谁能料此身，忘前失后小（少）精神。
门前借问非之（知）己，梦里相逢是故人。
九十残年实可悲，欲将言语泪先垂。
三魂六魄今何在，霹雳头边耳不知。
百岁归原去不来，慕（暮）风搔屑石松哀。
人生不作非虚幻，万古空留一土堆。

肆拾看看欲下坡　近來朋友半彫磨
無人解到思量處　祇道春光來由多
伍拾強謀幾是後　一身何是新前運
紅顏以向愁中改　白髮那堪鏡裏生
陸拾駈牙來上肯條　幾時應得漸衰柔
見孫猶似搏分付　不用閑憂且自愁
柒拾三更眼不交　只憂閑事未能拋

丈夫百歲篇

壹拾香風綻藕花　弟兄如玉美孃誇
平明趁伴爭毬子　直至黃昏不憶家
貳拾容顏似玉珪　出門騎馬亂東西
終日不解憂衣食　錦帛看如腳下埿
叁拾堂堂六藝全　縱非親有亦相連
紫藤花下傾盃處　醉引笙歌美女前

步打球小史

步打球是人们徒步进行的以球杆击球的运动游戏。一般认为，步打球是从马球演变而来的，出现于唐代，尤其得到女性和儿童的喜爱。

唐诗有关于宫女步打球的记载。唐代诗人王建一首《宫词》有“殿前铺设两边楼，寒食宫人步打球。一半走来争跪拜，上棚先谢得头筹”之句，形象地描述了宫女们在寒食节那天，在宫殿前比赛步打球的情景。

儿童步打球在唐代的文物上有所体现，例如1978年江苏常州劳动中路出土的长沙窑青黄釉褐彩胡童步打球坐俑、2006年郑州上街峡窝镇唐墓出土的青花塔式罐、敦煌榆林窟15窟壁画以及日本正仓院收藏的花毯等。

特别值得一提的是，20世纪初德国吐鲁番探险队在交河故城一所佛教寺院遗址内发现了一幅唐代的麻布画（现藏于德国柏林国立亚洲艺术博物馆），画面中心是一位怀抱小儿、为其哺乳的女性，在其左右两侧，自上而下，各绘有四个玩耍的儿童。这些儿童占据的画面空间都较小。他们都是圆滚滚的体态，身上只挂着一条围腰布，兜在两腿之间，头上留着一撮头发，佩戴有铃铛的项圈。他们做出不同的动作，其中左右两侧各有一对儿童玩步打球。这四位童子有三位手持与偃月形马球杆相同的球杆。交河故城发现的这幅麻布画是目前所见唯一有成对的打球儿童的图像史料，丰富了我们对于儿童步打球的认识。

▷
唐 · 青花塔式罐
2006年郑州上街峡窝镇唐墓出土

唐 · 儿童步打球麻布画及摹本
20 世纪初交河故城遗址出土

宋代以后，步打球进一步演变为捶丸运动，即使用形状不同的球杆击球进洞的游戏，类似于现代的高尔夫球。元明两代，捶丸都是流行的运动，上至皇帝，下至百姓，都不乏捶丸的爱好者。元代的《丸经》全面记载了捶丸使用的器具、比赛规则和礼仪等，是关于古代捶丸的重要著作。清代以后，捶丸逐渐从人们的生活中消失了。

△
北宋 · 儿童捶丸石刻像
像高 23 厘米
2002 年山东泰安岱庙西华门南侧马道基址出土
泰安市博物馆藏

◁
唐 · 长沙窑青黄釉褐彩胡童步打球坐俑
1978 年江苏常州劳动中路出土
常州博物馆藏

▽
元 · 山西洪洞县水神庙捶丸壁画
原址保存

△

明 ·《宣宗行乐图》(局部)

故宫博物院藏

▽

明 · 杜堇《仕女图卷》(局部)

上海博物馆藏

▷

《丸经》

哈佛燕京图书馆藏本

丸經卷上

元 亡名氏

承式章第一

播丸之制全式爲上破式次之違式出之播丸之式先習家風後學體面折旋中矩周旋中規失利不嗔得雋不逞若喜怒見面利口傷人君子不與也讓采索窩得讓人先拋毬兒得采者便索窩忘擴成籌手中無擴者籌輸一籌無鷹觜同因動爲擊毬兒基上安定或被風吹動當稱風落如不稱風落或自那動者亦籌打了對權不易對定毬棒不可換易或再換及抹去塌子者亦籌輸一籌乖令背式罰不可恕他人得勝索著法度不依隨者籌輸一籌毬兒打在窩中用棒撥出者輸一籌趨時爭利賞

圍棋
和双陆

《弈棋仕女图》 | 唐代 | 1972 年新疆吐鲁番出土

S.5574

英藏敦煌文献《棋经》（S.5574）是著名的古代围棋理论著作，作者不详，一卷，篇首已残损，所存159行。敦煌《棋经》现残存七篇半，原卷应为八篇，依次为《诱征一》《诱征二》《势用》《释图势》《棋制》《部襄》《棋病法》和《梁武帝棋评要略》。作者系统地阐发了当时的棋艺理论，总结了最基本的行棋规律法则。据文中“黑子”被称作“乌子”，以避北周文帝宇文泰小字“黑獭”讳。通过迹象分析，该经写作当在南北朝时期，抄写至迟在唐、五代，是现存最早的围棋理论专著。

誘征弟二

勢用篇弟三

像名弟四

釋圖勢篇弟五

碁制篇弟六

部襄篇弟七

碁病法

梁武帝碁評要略

贏其設伏以誑敵人或輸其少子取其多利或不覓便為劫以或敵人不得向向從為籌等之行為劫之體須計多少然後為之作劫之時先從大者作之不得從其他不應人若作劫應自非不覓籌不須也若作劫輸子少得道利多作之在局常行豎一折一豎二折三豎三折四豎四折五即得不斷又息持湧角反破所眼孔如此之徑皆有精微

下處先手下之不得輸他先手兩子已下

及十子已上必爲救之致失局勢反被

驅逐至於訖竟難活只得三眼必須斷兩

頭更有形勢者逢數利勝者便即棄之俗語云

碁棄有義又不宜過貪專規殺他使碁

勢多節反被所截分爲二處俱難可救

之又不得過怯專自保守徑即輸局所謂怯

[illegible]又碁之體專在護處

太子成道经

P. 2999

《太子成道经》是佛传故事题材的敦煌变文，根据《佛本行集经》演绎而成。

是时净饭大王为宫中无太子，忧闷寻常不乐。或于一日，作一梦，双陆凭殊（频输）者，问大臣：『是何意志（旨）？』大臣答曰：『陛下梦见双陆凭殊（频输）者，为宫中无太子，所以凭殊（频输）。』大王问大臣：『如何求得太子？』大臣奏大王曰：『城南满江树下，有一天祀神，善能求恩讫（乞）福。往求太子，必合容许。』是时大王排枇（比）鸾（銮）驾，亲自便往天祀神边。甚生队杖（仗），白月才沉，形[1]红日初生，拟杖（仪仗）才行形[2]，天下晏静。

[1][2]“形”均为衍字。

孔子项托相问书

P. 3883

项托，又称项橐（tuó），春秋时鲁人，中国民间传说中的神童，相传其七岁时就是圣人孔子的老师。《孔子项托相问书》是敦煌长篇变文故事，传本多，流传广，敦煌文献共有法藏敦煌文献 P. 3883 等十一个《孔子项托相问书》写本。《孔子项托相问书》由孔子和项托之间的十一段对话和一首咏事长诗组成。两人之间的对话，只有两段本于《论语》《礼记》《孔子家语》等典籍，其余十段对话则与孔子相关之古籍没有典据之关系，表现出民间传说的特点。第六段对话的话题是双陆和项托对博戏的批评。这段故事本于《论语·阳货》“子曰‘饱食终日，无所用心，难矣哉。不有博弈者乎？为之，犹贤乎已’”，但《孔子项托相问书》反其意而撰构，同时反映了唐代双陆棋的流行。

夫子曰：『吾车中有双陆局，共汝博喜（戏）如何？』小儿答曰：『吾不博戏也。天子好博，风雨无期；诸侯好博，国事不治；吏人好博，文案稽迟；农人好博，耕种失时；学生好博，忘读书诗；小儿好博，笞挞及之。此是无益之事，何用学之！』

去也夫子曰吾車中有雙陸局共汝博戲如何小兒答曰
吾不博戲也天子好博風雨無期諸侯好博國事不治
吏人好博文案稽留農人好博耕種失時學生好博忘
讀詩書小兒好博笞撻及之此是無益之事何用學之

王梵志诗一首

P. 2718

王梵志，敦煌白话诗人，生平事迹不详，历来的研究者对其人其事有过种种不同的研究和猜测。敦煌文献所出王梵志诗写本共有三十五种。目前已知的王梵志诗共有三百余首。王梵志诗主要使用白描、叙述和议论的方式再现和评价人们的日常生活，与唐代的文人诗歌形成鲜明的反差。这里辑录的“双陆智人戏”二十字诗，既反映了唐代围棋和双陆的流行，也表明我国古代文学记载有仙人弈棋的传统。

双陆智人戏，围棋出专能。
解时终不恶，久后与仙通。

[附]

围棋小史

围棋，亦称“烂柯”“坐隐”与“手谈”等，是我国古代产生的最有代表性的棋类活动。

根据文献记载，围棋的起源可追溯至先秦，《世本·作篇》有“尧造围棋，丹朱善之”之说。“围棋”这一正式名称首见于西汉末年扬雄的《方言》：“围棋谓之弈，自关而东，齐、鲁之间皆谓之弈。”

春秋时代，围棋在上流社会流行。至迟到战国中期，已有一批沉溺于围棋的人，出现了弈秋这样的通国之善弈者。从当时流行的方言可知，先秦的围棋还只是北方区域性棋种，扬雄《方言》更是明确地指出了围棋的流行区域在“自关而东，齐鲁之间”的北方。

西汉时期，围棋的繁荣中心转移到了关中一带，围棋作为先秦时期黄河流域的区域性智能游戏成功地向西、向南流播，逐渐发展成全国性的棋种。但在博戏的挤压下，围棋一度陷入低谷，直至东汉，随着班固、马融等的弘扬，又得到了缓慢升温。

魏晋南北朝是围棋发展的一个重要阶段。在帝王热衷、倡导之下，爱好围棋的人口激增，围棋高手涌现，围棋专著数量超前代，文义棋书成为衡量士人才情的重要标尺。

△
西晋 · 石质围棋子和灰陶围棋盒
1974 年山东省邹县郭里公社独山村西北西晋刘宝墓出土
邹城市博物馆藏

△
唐 · 木画紫檀围棋盘
日本正仓院藏
▽
隋 · 白瓷围棋盘
河南安阳隋张盛墓出土
河南博物院藏
▷
五代南唐 · 周文矩（传）《荷亭奕钓仕女图》轴
台北故宫博物院藏

入唐以后，随着社会生活的安定，人们在风雅文化中为围棋特辟一隅之地，至此围棋成为文人骚客（包括一些名门闺秀）修身必备的“琴棋书画”技能之一。《旧唐书 · 经籍志》和《新唐书 · 艺文志》将围棋著作归入“子部 · 杂术”类，清楚地反映出这一变化。在往后的一千余年间，得益于其自身内在乐教功能的支撑和推动，围棋长盛不衰。

两宋时期，围棋在都市生活中扮演重要角色。北宋时，钱塘（今浙江杭州）、汴京（今河南开封）是最著名的城市，也是围棋活动中心。《春渚纪闻》说刘仲甫在钱塘“日就棋会观诸名手对弈”，“数土豪集善棋者会城北紫霄宫”，祝不疑到汴京后，“为里人拉至市庭观国手棋集”。南宋临安（今浙江杭州）的都市生活更为繁荣，棋会除保留北宋的一些习惯外，又有新的变化，这主要表现在茶肆的围棋活动上。南宋茶肆生意十分兴旺，各色人等都爱在此聚会。茶肆中置棋设局，供茶客对弈。

入明以后，围棋蓬勃发展，不仅在官僚、士人中间流行，在城市市民阶层中也得到广泛的普及。明中叶，随着社会经济的发展和专业围棋的发展，文人士大夫对围棋的追捧达到了高潮。

入清以后的康雍乾时期，清王朝政治稳定，经济文化发展到繁荣的顶点。棋坛上呈现出极度繁荣的景象，古代围棋发展到了鼎盛时期，围棋理论完备、博大精深，围棋名手众多、大家并出。梁魏今、程兰如、范西屏和施定庵四大家先后崛起，两两对峙，是围棋发展至鼎盛时期的杰出代表。

△
金 · 仕女弈棋雕砖
美国纽约大都会艺术博物馆藏

▷
宋 · 缂丝《谢安赌墅图》
台北故宫博物院藏

围棋广泛传播至亚洲很多地方和欧美。据朝鲜史籍记载，南朝刘宋末年，高句丽的长寿王时代，就已经有善于围棋的僧侣“道琳”活动的记载。李延寿《北史》、魏征《隋书》等对朝鲜围棋陆续有了记载。唐朝时，日本多次派遣使者来中国，围棋经由遣唐使团东传至日本。日本现今藏于正仓院的紫檀盒形十九道围棋盘，相传是唐玄宗所赠。围棋也同样进入了南亚次大陆国家。现在在孟加拉、不丹、尼泊尔等国，还流行着十五道和十七道围棋，表明中国围棋在较早时期就已经进入这些国家。在明代以前，围棋就已传入东南亚各国。据随同郑和下西洋的马欢在《瀛涯胜览》中记载：“三佛齐国俗好……弈棋”，三佛齐国即今印度尼西亚的一部分。一般认为，19 世纪围棋才在欧洲流行。目前发现的欧洲最早的英文围棋书是 1911 年在英国伦敦出版的。

△

明 · 仇英《汉宫春晓图》卷（局部）

台北故宫博物院藏

△

弈围棋壁画

甘肃敦煌莫高窟第 454 窟东壁

[附]

双陆小史

◁
唐 · 周昉《内人双陆图》
台北故宫博物院藏

双陆，又称双六，即“两个六”之意，“陆”也作“六”。《资治通鉴》中“双陆者，投琼以行十二棋，各行六棋，故谓之双陆”之说解释了双陆名称的由来。南宋洪遵《谱双·序》云“双陆，博局戏名……盘中彼此内外，各有六梁，故称双陆”。但明代谢肇淛认为，双陆之得名是因“两个六”是两枚骰子投掷的最佳结果：“曰双陆者，子随骰行，若得双六，则无不胜也。”

双陆的起源尚不确切，很可能源自古代波斯或印度。宋代高承称双陆“魏曹植始制”，而北宋晏殊《类要》谓：“双陆始自天竺，即《涅槃经》之波罗塞戏。”南宋洪遵的《谱双》，在考双陆之源时指明双陆来自天竺。明俞弁《山樵暇语》亦承认双陆的印度源头。

在中国，双陆始行于曹魏，盛行于梁、陈、魏、齐、隋。南北朝时期在王室、贵族中都有双陆爱好者，但双陆在普通士人和民间的流行尚不很广泛。

唐代，双陆极盛。《国史补》记载：“王公大人，颇或耽玩，至于废庆吊、忘寝休、辍饮食者。……有通宵而战者，有破产而输者。”

△◁

唐 · 象牙双陆棋子

甘肃省武威市凉州区青嘴喇嘛湾出土

武威市博物馆藏

△▷

唐 · 玻璃玛瑙双陆棋子

西安市清禅寺塔基遗址出土

陕西历史博物馆藏

▽

唐 · 紫檀木画双陆局

日本正仓院藏

五代时期，在流行过程中，人们对双陆作了一些变动和改进，使之更加适应时人的趣味和要求，更为本土化。双陆已逐渐融合于中国传统文化之中。

宋代双陆更为流行，北方城市里连酒肆中都设双陆盘，人们可边品茶边玩双陆。在辽、金境内，双陆得到了广泛的流行。契丹人、女真人、蒙古人、色目人等民族都流行玩双陆。《辽史》《续资治通鉴长编》《松漠记闻》《契丹国志》等史料中，存有关于契丹皇帝、后妃同臣僚、外使打双陆的记载。辽圣宗统和六年 (988) 九月，“皇太后幸韩德让帐，厚加赏赉，命从臣分朋双陆以尽欢”。开泰二年 (1013)，北宋晁迥出使契丹还宋后上奏真宗皇帝说：“（辽主）夏月以布易毡帐，藉章围棋、双陆。”辽兴宗曾与皇太弟耶律重元打双陆，并“赌以居民城邑”，结果兴宗屡败，前后连输数城。一天，兴宗又赌双陆，伶官罗衣轻指其局说：“双陆休痴，和你都输去也！”“帝始悟，不复戏。”宋末元初人陈元靓编写的《事林广记》插图中有打双陆的人物，从其服饰、发型和周围环境来看，应为地位较高的蒙古人。双陆也是辽金民间常见的娱乐活动。金朝初年，南宋使金被羁留十五年的洪皓见到“燕京茶肆，设双陆局，或五或六，多至十，博者蹴局，如南人茶肆中置棋局也”。

元朝时，双陆在上自皇帝大臣、下至青楼歌舞之伎的更大范围内得到流传。《事林广记》中保存了“双陆格制”“双陆事始”“双陆盘马”等有关双陆的条目，以及“北双陆盘马制度”或日“双陆盘式图”。《事林广记》至顺本还有两人打双陆的插图。这是宋元民间流行双陆的写照。

△
辽 · 漆木双陆棋
辽宁省法库县叶茂台 7 号辽墓出土
辽宁省博物馆藏

△

清 · 丁观鹏《仿仇英汉宫春晓图》卷（局部）

台北故宫博物院藏

双陆是娱乐活动项目，为古代博戏中的雅戏之一。会打双陆也是品评天下士人“风流”的标准之一，成了域内各族士人所应具备的文化素质和修养。元代双陆似乎变作了一种雅戏，为文人及风流子弟所喜爱，像诗人柳贯、曲家周德清、戏剧家关汉卿等均有咏颂双陆的佳作传世。但是，双陆之雅是极有限度的，它在很大情况下与赌博相关。《谱双 · 赌赛》记载了当时各地双陆的涉赌情况：“北人以金银、奴婢、羊马为博，贫者以杯酒胜负”“番禺人以百缗至三二百缗约以三局，下至十缗。贫者三数钱至数十金”。

明清两代，双陆仍在流行。《金瓶梅》《警世通言》等小说屡屡叙及双陆。

投壺

投壶 | 日本正仓院藏

卫叔卿不宾汉武帝

P. 3866

法藏敦煌文献 P. 3866 是一组“涉道诗”的抄本，作者为唐代诗人李翔（生卒年不详）。唐代的道教诗歌本不多见，这组诗歌共有 28 首，想象丰富，气势豪迈，是敦煌诗歌中的珍品。《卫叔卿不宾汉武帝》是其中的一首，取材于《神仙传 · 卫叔卿传》。卫叔卿，中山人，服云母得仙。天汉二年，往见汉武帝，帝以臣视之，忽焉不知所在。帝甚悔恨，即遣梁伯至山中求之，不得。梁伯又于叔卿之子度世共往华山求之，至绝壁之下，见叔卿与数人博戏于山岩之上，终不复往。全诗以两两对比的手法，赞誉了仙人不慕繁华、陶醉自然的豁达，流露出作者藐视权贵的思想倾向，以及对于道家神仙生活的追求，是一首崇道的作品。投壶是古代宴会时常见的娱乐活动。宾主依次用箭矢投向盛酒的细颈壶，以投中多者为胜，负者饮酒。此处借喻高雅。

鸾殿仙卿顿紫云，武皇非意欲相臣。
便回太华三峰路，不喜咸阳万乘春。
涉险漫劳中禁使，投壶多是上清人。
犹教度世依方术，莫恋浮荣误尔身。

衛叔卿不賓漢武帝

鑾驂仙卿鎖紫雲武皇非意欲相臣便迴

太華三峰路不喜咸陽萬乘春浩險湯勢

6 中禁使授書多是上清人猶教變世依方術

7 莫戀浮榮慢小身

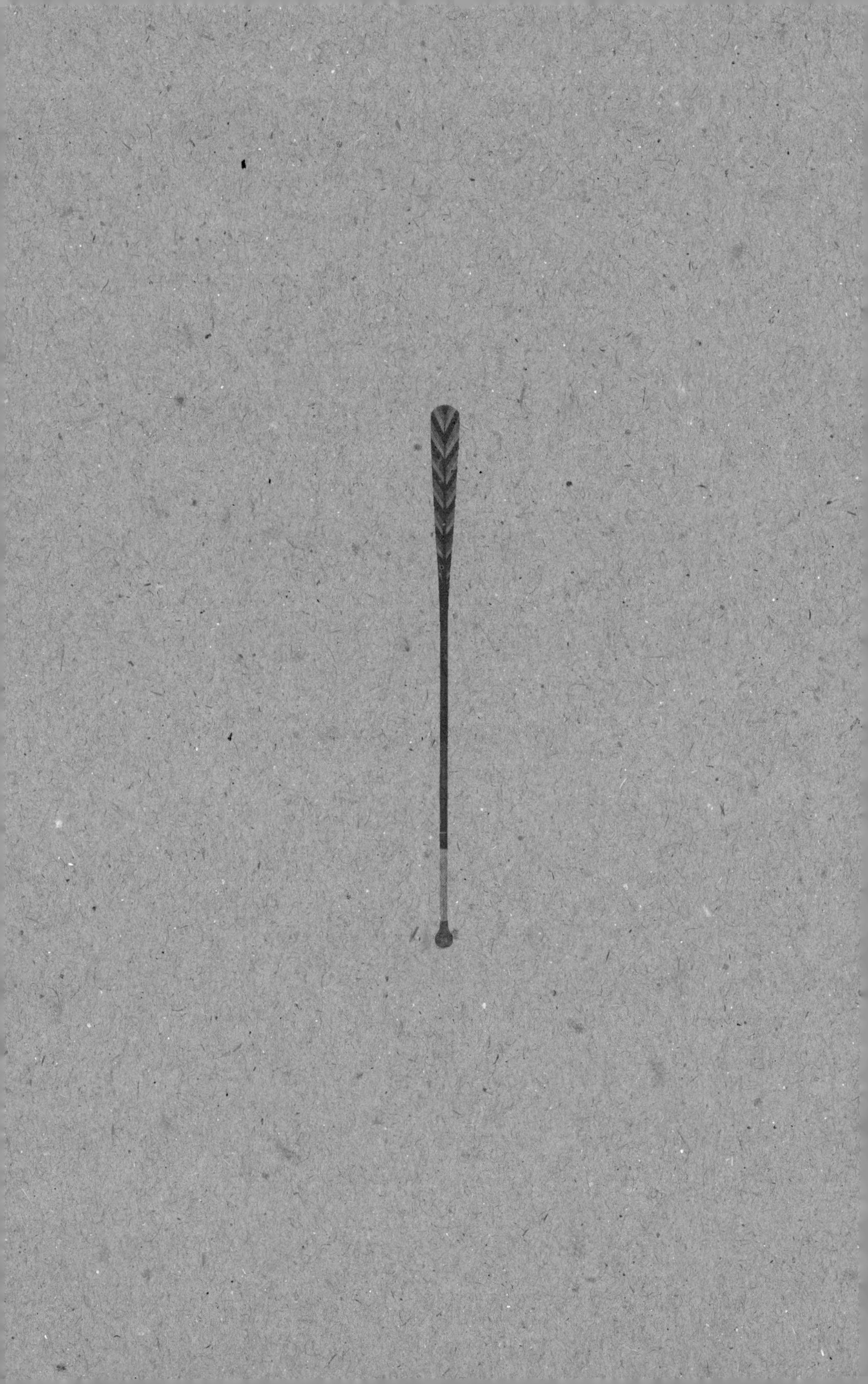

[附]

投壶小史

△
战国 · 印纹硬陶投壶
高 38 厘米，口径 11.2 厘米，底径 19.5 厘米
1978 年淮阴高庄战国墓出土
淮安市博物馆藏

投壶是将箭矢投入壶中的投掷竞技活动，以投中的箭矢的数量、位置等计分，以积分结果决定胜负。

一般认为，投壶是从射礼演变而来，产生于春秋战国时期，是“主人与客宴饮讲论才艺之礼也”。《礼记》和《左传》都有关于投壶的记载，考古工作者也曾数次发现先秦时期的投壶瓶。1978 年淮阴高庄战国墓出土的印纹硬陶投壶，体形较大，是我国出土文物中年代较早的投壶之一。

△
清 · 任熊
《姚大梅诗意图 · 投壶》
故宫博物馆藏
▷
贯耳瓶式投壶花式玩法
来源：《续修四库全书 · 子部 · 艺术类》
▽
东汉 · 投壶图画像石拓片
纵 40 厘米，横 134 厘米
1935 年征集于河南南阳沙岗店
南阳市汉画馆藏

在我国古代各个时期，投壶都是非常流行的活动。由汉至唐，投壶由礼仪性逐渐转向游戏化，出现了很多投壶高手。据《西京杂记》卷五记载：“武帝时郭舍人善投壶，以竹为矢，不用棘也。古之投壶，取中而不求还，故实小豆，恶其矢跃而出也。郭舍人则激矢令还，一矢百余反，谓之为骁，言如博之早枭于掌中为骁杰也。每为武帝投壶。辄赐金帛。”西晋大臣石崇有一位侍女“善投壶，隔屏风投之”（《晋书》），看不见所投之壶，只凭感觉而能中壶，可见其技艺之高。唐代投壶名手薛眘惑不仅“矫无遗箭”，还能够“置壶于背后，却反矢以投之，百发百中”（《朝野佥载》）。

画中刻一直径壶，壶旁置一酒樽，两侧各有一人，皆一手抱数矢，一手持一矢，轮番向壶而投。画面生动表现了汉代投壶的场景。

与投壶的游戏化相伴相随的是，投壶瓶的样式发生了重要的变化。先秦和汉代的投壶样式为直径瓶。魏晋南北朝时，投壶瓶的直径两旁各置一耳，谓之贯耳瓶，这是后来投壶瓶的标准器型。贯耳瓶的使用，大大增强了投壶的技巧性，出现了“贯耳”“有初贯耳”“连中贯耳”“横耳”“耳倚竿”“倒耳”等花式玩法。

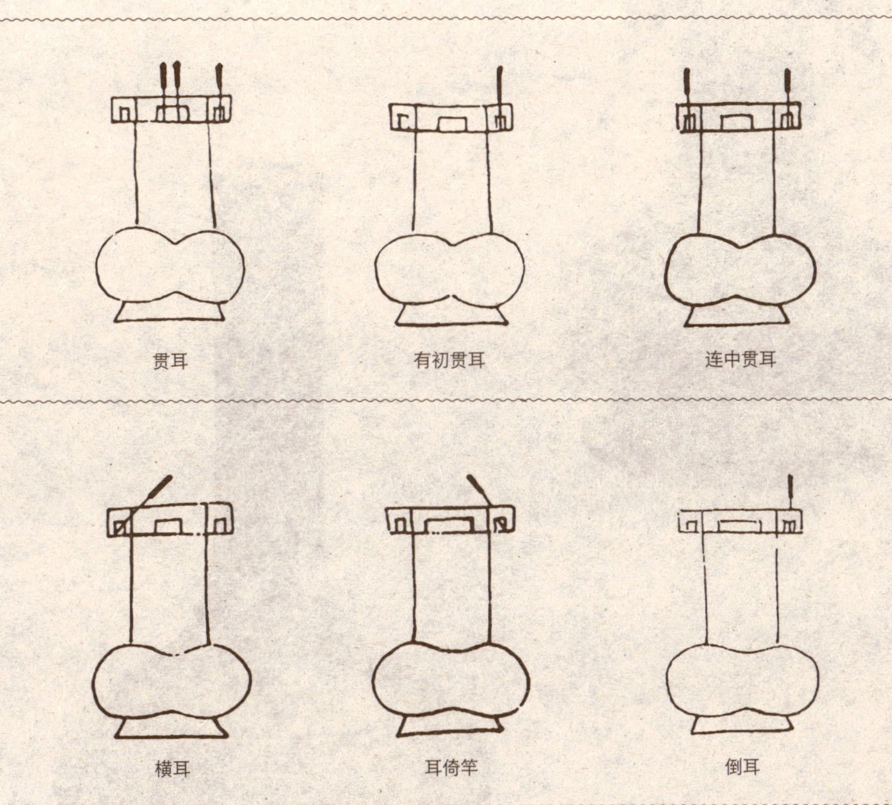

◁
唐 · 贯耳瓶式投壶
高 31 厘米，腹径 21.7 厘米
日本正仓院藏

▷
汉代 · 长颈瓶式投壶
高 29.1 厘米，口径 5.1 厘米，底径 12 厘米
郑州博物馆藏

有宋一代，投壶非常盛行，政治家和史学家司马光“每对客赋诗谈文或投壶以娱宾”（《渑水燕谈录》），也是一位投壶爱好者。他著有《投壶新格》，主张投壶要讲究中正之道，反对过于追求投壶的技巧。他还提出了寓道德教化于投壶游戏的观点，认为投壶“可以治心，可以修身，可以为国，可以观人”。

投壺新格

宋 司馬光

傳曰張而不弛文武弗能也弛而不張文武弗爲也一張一弛文武之道也君子學道從政勤勞罷倦必從容宴息以養志游神故可久也蕩而無度將以自敗故聖人制禮以爲之節因以合朋友之和飾賓主之歡且寓其敎焉夫投壺細事遊戲之類而聖人取之以爲禮用諸鄉黨用諸邦國其故何哉鄭康成曰投壺射之細也古者君子射以觀德爲其心平體正

◁
投壶矢（局部）
通长 74 厘米，羽长约 11 厘米，镞径约 1.6 厘米
日本正仓院藏

▷
司马光著《投壶新格》
清 · 顺治三年（1646）《说郛》本
哈佛燕京图书馆藏本

△
明·《宣宗行乐图》（局部）
故宫博物院藏

明清时期，投壶依然极为流行，上至皇帝，下至普通百姓，投壶爱好者层出不穷。在明代投壶之风盛行的情况下，更多的新式玩法得以出现。清末以后，投壶逐渐在社会上消失了。

近年来，随着对传统游艺活动知识传播力度的加强，已经有越来越多的人对投壶有所了解和认识，有一部分人也曾亲身参与投壶活动。

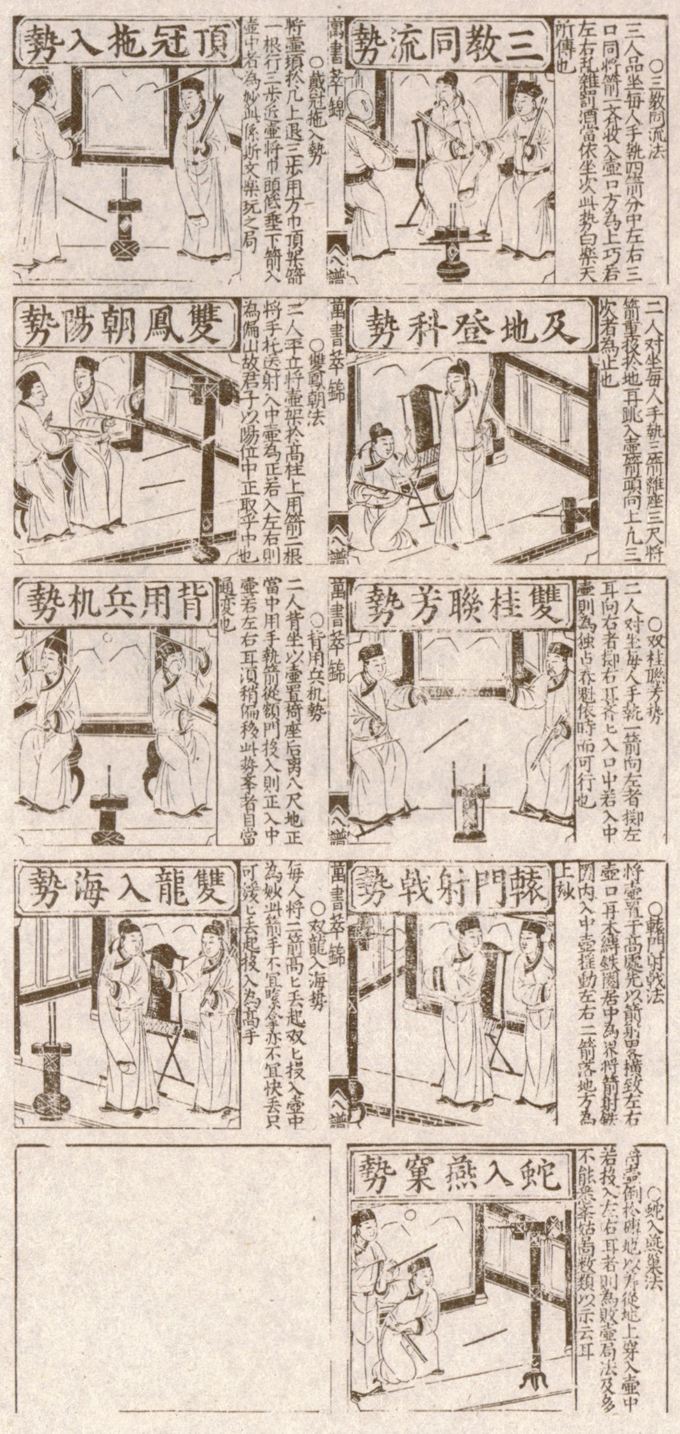

△

明代 · 投壶技巧

来源：赵植吾编《新刻四民便览万书萃锦》（明万历时期詹林我刊本）

保健
养生
体育

《八段锦·双手托天里三焦》 | 清·佚名绘 | 台北故宫博物院藏

呼吸静功妙诀

P. 3810

法藏敦煌文献 P. 3810 是一组道教的法术文件，计有《湘祖白鹤紫芝遁法》《白鹤灵彰咒》《踏魁罡步斗法》《太上金锁速还隐遁真诀》《足底生云法》附《乘云咒》等，并绘有相关的咒符。文献最后一件是《呼吸静功妙诀》附“神仙粥”药方。此《呼吸静功妙诀》撰者不详，题名及内容完整，全文包括标题共 13 行文字，274 字，其中标题 6 字，正文 268 字，内容为道教的养生修炼方法，主要介绍通过静坐调节呼吸的方法。这一养生功法可使气血通畅，元气固秘，能够预防疾病。其后所附的“神仙粥”则可调补虚劳，益气强身。据研究，《呼吸静功妙诀》长期流行于民间，与明龚廷贤《寿世保元》“补气”项下所载《呼吸静功妙法》无异。

人生以气为本，以息为元，以心为根，以肾为蒂。天地相去，八万四千里。人心肾相去，八寸四分。此肾是内肾，脐一寸三分是也。中有一脉，以通元息之浮沉。息总百脉，一呼则百脉皆开，一吸则百脉皆阖。天地化工流行，亦不出呼吸二字。人呼吸常在于心肾之间，则血气自顺，元气自固，七情不帜（案：当『炽』讹），百病不治自消矣。每子午卯西（案：当『酉』讹）时，于静室中，原（案：当『厚』讹）褥铺于杨（案：据下文，当『榻』讹）上，盘脚大坐。瞑目视脐，以绵塞耳，心绝念虑，以意随呼吸一往一来，上下于心肾之间，勿亟勿徐，任其自然。坐一炷香后，觉得口鼻之气不粗，渐渐和柔。又一炷香后，觉得口鼻之气似无出入，后然缓缓伸脚开目，去耳塞，下榻行数步，又偃卧榻上，少睡片时。起来，啜淡粥半碗，不可作劳恼怒，以损静功。每日能专心依法行之，两月之后，自见功效。

呼吸靜功妙訣

人生以氣為本。以息為元。以心為根。以腎為蒂。天地相去。八萬四千里。人心腎相去。八寸四分。此腎是內腎。臍下一寸三分是也。中有一脈。以通元息之浮沉。息總百脈。一呼則百脈皆開。一吸則百脈皆闔。天地化工流行。亦不出呼吸二字。人呼吸常在於心腎之間。則血氣自順。元氣自固。七情不熾。百病不治自消矣。每子午卯酉時。於靜室中。厚褥鋪於榻上。盤腳大坐。瞑目視臍。以綿塞耳。心絕念慮。以意隨呼吸一往一來。上下於心腎之間。勿亟勿徐。任其自然。坐一炷香。後覺得口鼻之氣不粗。漸漸和柔。又一炷香後。覺得口鼻之氣似無出入。後然緩緩伸腳開目。去耳塞。下榻行數步。又偃臥榻上。少睡片時起來。啜淡粥半碗。不可坐（作）勞惱怒。以損靜功。每日能專心依法。行之兩月之後。自見功效。

神仙粥

山藥蒸熟。去皮一斤。雞頭實半斤。煮熟去殼。搗為末。入粳米半升。慢火煮成粥。空心食之。或入韭子末二三兩在內尤妙。食粥後。用好酒飲三盃。妙。此粥善補虛勞。益氣強志。壯元陽。止泄精。神妙。

［附］

[附]

古代保健养生体育小史

保健养生体育是中国古代体育的门类之一，以呼吸配合肢体运动为基本形式。早在三四千年前的夏商时期，人们为了健康和长寿，就形成了保健养生的方法。古代的人们经过长期的实践和提炼总结，创造了以引伸肢体为特征的导引术、以呼吸锻炼为特征的行气术和以舒经活络为特征的按摩术等为主要组成部分的保健养生体育。

导引术是一种以肢体运动为主，配合呼吸吐纳的健身运动，分为徒手导引和借助器械的导引。秦汉时期，导引术获得较大发展。在《淮南子》一书中有不少模仿动物进行锻炼的内容，如“熊经”“鸟伸”“虎顾”等。1973 年发掘的长沙马王堆西汉墓出土有一幅《导引图》，其上绘有 44 个表示不同动作的人物导引图像，这是迄今所知最早的古代导引图解。东汉时期，名医华佗创编了“五禽戏”，指导人们模仿虎、鹿、熊、猿、鸟五种动物进行锻炼，以求健康养生。导引术在魏晋至唐代持续发展，至宋代形成了“十二月坐功”和“八段锦”两种重要的导引术，其中“八段锦”至今仍有很多人习练，并在一些学校作为体育课程开设。明清时期，导引术的发展趋于完善和系统化，出现了明代高濂的《遵生八笺》等著名养生作品。

△
马王堆汉墓出土《导引图》复原图
马王堆汉墓出土

行气术，又称吐纳、服气、炼气、胎息等，是在意念指引下的一种呼吸锻炼方式。目前所知最早的行气术史料，是现存于天津博物馆的战国初期的《行气玉佩铭》，其上刻有四十余字的“行气铭”，扼要地阐述了行气术的要领、过程和作用。长沙马王堆西汉墓出土的《却谷食气》篇，对于行气术的某些方面做出了详细、具体的说明。各种养生方法在经过了历代养生家的总结之后，明清时期，我国古代的行气术走向成熟和完善。

按摩术，是在导引术和行气术的影响下发展起来的，经过魏晋南北朝时期的推广和普及，至唐代达到了较高水平。名医孙思邈在其《备急千金要方》《千金翼方》等医学著作中，对老年保健按摩做出了深入研究，创编了“老子按摩法”“天竺按摩法”等适合老年人身体特征的保健养生按摩术。宋代以后，古代按摩术逐渐向精炼成套、易于实行的方向发展。明清时期，古代按摩术趋于完善和系统化，许多养生家对古代的按摩术方法和书籍进行了系统研究和整理。明末清初兴起的太极拳，即为一种与导引术、行气术、按摩术的技巧和理念相结合的以技击为特点的武术形态，体现了中国古代养生保健体育的发展方向。

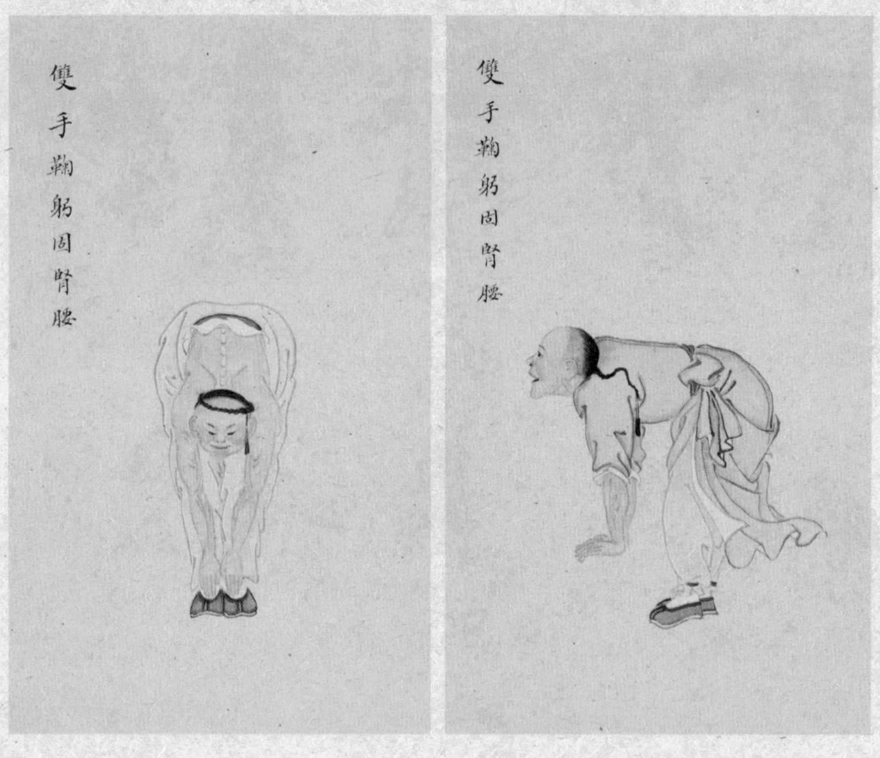

△
清 · 佚名绘《八段锦》册（局部）
台北故宫博物院藏

节庆体育

《群婴斗草图》（局部） ｜ 清 · 金廷标 ｜ 故宫博物院藏

寒食篇

P. 3608

唐代诗歌，与《大唐陇西李氏莫高窟功德记》《夜烧篇》等抄录在法藏敦煌文献 P. 3610 背面。《寒食篇》与《夜烧篇》无作者姓名，经研究，此两篇诗作诗调相同，均为唐代诗人王泠然作品。寒食节是唐代的重要节日。《寒食篇》开篇交代了寒食节的重要性、具体时间和禁火风俗的由来，接下来描写了节日期间的踏青、荡秋千、斗鸡、宴游、抛彩球等活动。唐代寒食节有仪式活动，举行仪式活动时有专人诵读《寒食篇》等诗歌。

天运四时成一年，八节相迎尽可怜。
秋贵重阳冬贵腊，不如寒食在春前。
禁火初从太原起，风俗流转几千祀。
算取去年冬至时，一百五日今朝是。
今年寒食胜常春，总缘天子在东巡。
能令气色随河洛，斗觉风光竞逐人。
上阳遥望青春见，洛水横流绕城殿。
波上楼台列岸明，风光所吹皆流遍。
画阁盈盈出半天，依稀云里见秋千。
来疑神女从云下，去似恒娥到月边。
金闺待看红妆早，先过陌上垂杨好。
花场共斗汝南鸡，春游遍在东郊道。
千金宝帐缀流苏，簸环还坐锦筵铺。
莫愁光景重窗暗，自有金瓶照乘珠。
心移向者游遨处，乘舟欲骋凌波步。
池中弄水白鹇飞，树下抛球彩莺去。
别殿前临走马台，金鞍更送彩球来。
球落画楼攀柳取，技摇香径踏花回。
良辰更重宜三月，能成昼夜芳菲节。
今夜无明月作灯，街衢游赏何曾歇。
南有龙门对洛城，车马倾都满路行。
纵使遨游今日罢，明朝上自有清明。

寒食篇

天運四時成一年八節相迎盡可憐秋貴重陽冬貴臘不如寒
食在春前禁火初從太原起風俗流傳幾千祀算取去年冬至時
一百五日令朝是今年寒食勝常春總緣 天子在東巡能令氣色隨
洛河汁覺風光覓逐人上陽遙望春青見洛水橫流遶城殿被上
樓臺列岸明風光所吹皆流遍畫閣處處出半天依稀雲裏見鞦韆
來疑神女從雲下去似恒娥到月邊金堂待看紅粧早先過陌上垂楊
好花場共鬭河南鶯春遊遍在東郊道千金寶帳綴流蘇鏤瓌還
坐錦筵鋪莫愁美景重重窗閣自有金瓶照垂珠心移向香遊藝處
乘舟欲射凌波步池中弄水白鷗飛樹下拋毬彩鸞去別殿前臨走
馬臺金鞍更美彩毬來毬落畫樓攀樹取枝縱秀任踏花過良辰更
重宜三月能成晝夜芳菲節今夜無明月作燈街衢遊賞何曾歇
南有龍門對洛城車馬傾都滿路行縱使遨遊今日罷明朝上自有清明

大寒食相迎屈上坟书与答书

S. 5636

敦煌书仪，是所谓相迎书的一种。相迎书即节日邀约朋友的邀请信，具体有社日相迎书、寒食相迎书、端午相迎书、重阳相迎书、冬至相迎书等。寒食相迎书，即寒食节日来临前的相邀书信范本。从内容来看，写信的一方要求对方同去墓地祭奠，以解自己独游的寂寞。答书对于烂漫的春景的描写，表达了回信一方喜逢佳节的激动心情，充满了对明媚春光和携友出游的期待。这两封书仪体现了唐代寒食节期间人们到郊外远足踏青的习俗。

大寒食相迎屈上坟书

景色新花，春阳满路。节名寒食，冷饭三晨。为古人之绝烟，除盛夏之炎障。空携渌酒，野外散烦。愿屈同飧先灵，已假寂寞，不宣，谨状。

答书

喜逢嘉节，得遇芳春。路听莺啼，花开似锦。林间百鸟，啭弄新声。渌水游鱼，跃鳞腾窟。千般景媚，万种芳菲。蕊绽红娇，百花竞发。欲拟游赏，独步恓之。忽奉来书，喜当难述，更不推延。寻当面睹，不宣，谨状。

荅書　自滌状苦至甚㐌言前每愧同旅專呈書問
蒙心佩荷天涯雖中什里稍通即當參拜不宣
謹状　天寒食相迎廣上讀書　景色新花春陽
滿路節名寒食冷飯三日辰為古人之絕煙除感
夏之遇障空携滌酒野外散煩歎届同饗充室
已假欲寘不宣謹状　荅書　喜逢嘉節得遇芳
春路聽鶯啼花開似歸林間百鳥囀弄新聲
滌水逆英躍鮮騰飄千般景媚万種芳菲蘂

綻紅嬌百花競發欲擬遊賞獨步栖之忽奉來
書喜當難述更不推延尋當面覿不宣謹状
賀加官職書　伏承　司空擢貴特遷美職雖為
小展猶未當持只應别有更昇騰屢遷之後應慳
羣情乞久沐春深倍加歡躍不宣謹状　荅書
乞素無懃惓非次叨職内懃璨喘外䫻荒蕪忌
重命輕不任戴荷下流不及應仄空深展拜未
由伏增永戀謹状　慰傳職　伏丞退静闕安

綻紅嬌百花競發欲擬遊賞獨步栖之忽奉來
書喜當雖速更不推延尋當面覿不宣謹狀
賀加官職書　伏承　司空擢賞特遷美職雖為
小異猶未當材只應别有昇騰屢遷之後廣愜
群情乞久沐春深倍加歡躍不宣謹狀　答書
乞素無懃惓非次改職内懃璞喘外醜荒蕪豈
重命輕不任戴荷下流亦及庶尺空深展拜未

衷心佩荷天墨雖中行里稱通郎當參拜不宣

謹狀　天寒食相近處上擾書　景邑新花春陽

滿路節名寒食冷飯三晨為古人之絕煙除臧

更之遙交障空携渌酒野外散煩類庙同饗光臺

已飯飫寞不宣謹狀　春書　喜逢嘉節得遇芳

春路聽鶯啼花開似歸林間百鳥囀弄新聲

渌水遊魚躍鮮騰萬類千般景媚万種芳菲繁

敦煌本宫词十一首

S. 6171

敦煌本宫词，编号S.6171，原卷首尾俱残，共49行，每行25字左右，是敦煌遗书保存较为完整的唐人抄写的《宫词》原卷，作者佚名，存诗39首(包括残诗)。敦煌本宫词不同程度地反映了唐代皇家仪轨和宫廷生活，其中有几首的内容与春季和秋季的体育和娱乐活动有关。这里辑录的第11、12、14、15、18、24、26、27、32、35和36首即反映了骑马、射箭、狩猎、鹰猎、斗鸡、斗百草、下围棋、藏钩、泛舟、打马球等春季和秋季常见的体育和娱乐消遣活动。

第二十六首

欲得藏钩语少多，嫔妃宫女任相和。
每朋一百人为定，遣赌三千匹彩罗。

第二十七首

两朋高语任争筹，夜半君王与打钩。
恐欲天明催促漏，赢朋先起舞缠头。

第三十二首

尽喜秋时净洁天，爱行寻遍绕宫泉。
才人愿得荷花弄，鱼藻池头争上船。

第三十五首

先换音声看打球，独教□部在春楼。
不排次第排恩泽，把板宫人立上头。

第三十六首

寒食两朋坊内宴，朝来排□为清明。
飞龙更取□州马，催促球场下踏城。

第十一首

中使先□□□□，春明楼上马蹄声。
宫人各各悬弓箭，欲向君前斗□□。

菩萨蛮·清明

P. 3251

敦煌曲子词，作者佚名，以白描手法勾勒了清明时节，一位英俊少年骑马郊游，与踏青的少女相遇的画面。

清明节近千山绿，轻盈士女腰如束。
九陌正花芳，少年骑马郎。
罗衫香袖薄，佯醉抛鞭落。
何用更回头，谩添春夜愁！

第十三首

春天日色正光辉，欲得新鹰近眼飞。
珠殿少风尘□□，□□□上绣帘衣。

第十四首

上方外案收狐兔，教猎宫中贵在□。
□□君王□□院，近闻中尉进花鹰。

第十五首

春时□□宴文王，弄戏千般赏□□。
移却御楼东畔屋，少阳宫里斗鸡场。

第十八首

美人背看内园中，犹自风流着褪红。
为赌金钱争百草，急行遗却玉珑璁。

第二十四首

美女承恩赐好梅，银丝笼子不教开。
宫棋赢得人将去，却进君王道赌来。

相思意。著著舊羅裳。雙雙金鳳凰 又 清明
節近千山綠。輕盈士女腰如束。九陌正花芳。少年騎
馬郎。羅衫香袖薄。佯醉抛鞭落。何用更迴頭。
謾添春夜愁 又 朱明時節櫻桃熟。卷簾嫩笋初

斗百草词四首

P. 3271

斗百草是我国古代具有竞技特点的游戏活动，女子和少年儿童尤为喜爱。这四首词反映了唐代宫廷女子斗百草的习俗，具有浓郁的生活气息，运用双关、借代等修辞手法，以花比人，表达了宫中女子对纯真爱情的向往。

第一

建士祈长生，花林摘浮郎。
有情离合花，无风独摇草。
喜去喜去看草，色数莫令少。

第二

佳丽重门（明）臣，争花竞斗新。
不怕西山白，惟须东海平。
喜去喜去觅草，觉走斗花先。

第三

望春希长乐，南楼对北华。
且看结李草，何时怜颉花。
喜去喜去（觅草），斗罢且归家。

第四

庭前一株花，芬芳独自好。
欲摘问旁人，两两相捻取。
喜去喜去觅草，灼灼其花报。

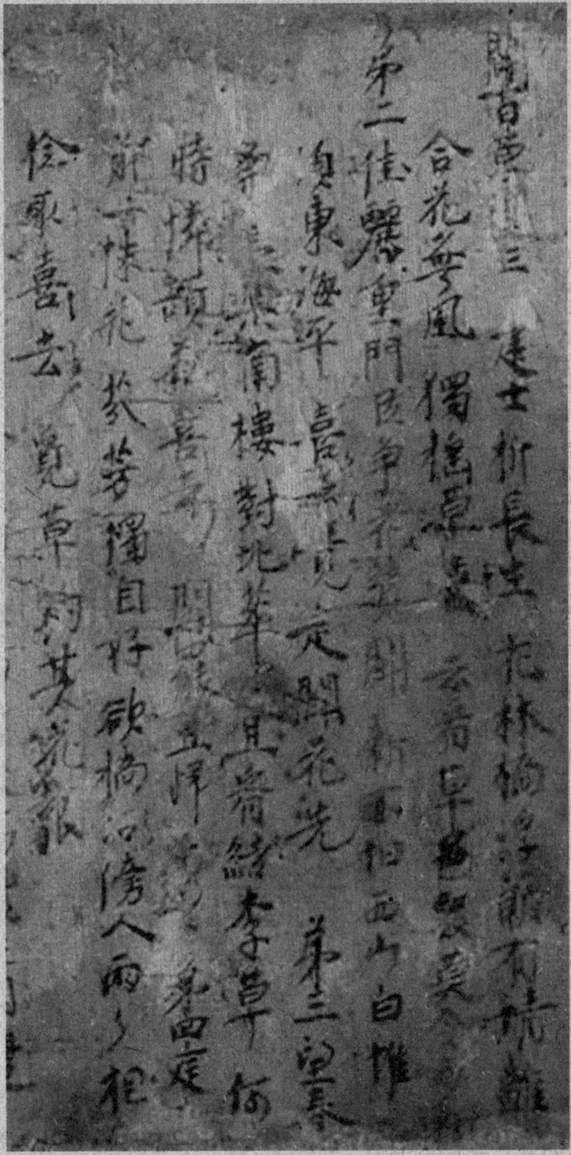

S. 5448

《敦煌录》，册页装，首残尾全，存79行，内容载敦煌名胜古迹及城堡、关寨、窟寺、祠庙、山水、风俗、人物、掌故传说、奇闻异事等，作者应为暂居敦煌的外地文人。《敦煌录》中关于鸣沙山的内容，记载了敦煌的居民端午节在鸣沙山滑沙的风俗，是敦煌滑沙的珍贵史料。

鸣沙山，去州十里。其山，东西八十里，南北四十里。高处五百尺，悉纯沙聚起。此山神异，峰如削成。其间有井，沙不能蔽。盛夏自鸣，人马践之，声振数十里。风俗：端午日，城中士女，皆跻高峰，一齐蹙下，其沙，声吼如雷，至晓看之，峭崿如旧。古号鸣沙，神沙而祠焉。

虛檻通連巡礼遊覽之景次
南山有觀音菩薩會現之處
郡人每詣彼必徒行來往其
恭敬如是　鳴沙山去州十
里其山東西八十里南北四十里高

處五百尺悉純沙聚起此山神
異峰如削成其間有井沙不
能蔽盛夏自鳴人馬踐之聲
振數十里風俗端午日城中士女
皆躋高峰一齊蹙下其沙
聲吼如雷至曉看之峭崿

如舊古号鳴沙神沙而祠
焉近南有甘泉自沙山南其
上源出大雪山於西南壽昌縣
界入燉煌以其沃潤之功俗号
甘泉　金鞍山在沙山西南

經夏常有雪山中有神祠甚
靈人不敢近每歲土主望祀獻
駿馬驅入山中稍近立致雷電
風雹之患州西南有李先王廟
即西凉昭王先世之廟乾封年

武术和
军事
体育

铜山苗山汉墓比武图画像石 | 东汉晚期 | 徐州汉画像石艺术馆藏

生查子·三尺龙泉剑

P. 3821

敦煌词，歌颂了戍边将士赤诚保国的英雄气概及高超的剑术和射艺。

三尺龙泉剑，侠（匣）里无人见金[1]。
落雁一张弓，百只金花箭。
为国竭忠贞，苦处曾征战。
未望立功勋，后见君王面。

[1]“金”为衍字。

迴看即是 曲子生查子 一樹間生松
迥長誰栽起頸故接青霄透來
遮天地攀攀赴霞雲霞且擁高
業頂金殿選忠良合赴君王意
同前 三尺龍泉劍匣裏無人見金
落鷹一張弓百隻金花箭為國竭
忠貞苦處曾征戰先望立功勳
後見君王面 定風波 攻書學劒

定风波·功书学剑能几何

P. 3821　　敦煌曲子词，歌颂了戍边将士的高超武艺。

功书学剑能几何？争如沙塞骋偻㑩！手执六寻枪似铁，明月，龙泉三尺斩新磨。堪羡昔时军伍，满夸儒仕（士）德能康。四塞忽闻狼烟起。问儒仕（士），谁人敢去定风波？

後見君王面　定風波　切書學劍
能幾何爭如沙塞騁僂儸手
執六尋槍似鐵明月龍泉三尺
斬新磨堪羨昔時軍伍謾誇
儒士德能康四塞忽聞狼煙起
問儒士誰人敢去定風波　同前

出自蓟门北行

P.2554

法藏敦煌文献 P. 2554 是敦煌本《文选》残卷之一，起自陆士衡《乐府十七首·短歌行》“兰以秋芳”之“以”，终至鲍照（415—466，字明远，南朝宋文学家）《乐府八首·白头吟》“凫鹄远成美，薪刍前见凌”之“凫”，共69行，首3行和末尾3行下半部分残缺。《出自蓟门北行》是鲍明远《乐府八首》之一，描写了爱国将士捐躯报国的壮志和边塞战斗环境的艰苦，也反映了军人的英雄气概和大无畏精神，是古代爱国主义诗歌中的名篇。

羽檄起边亭，烽火入咸阳。徵骑屯广武，分兵救朔方。严秋筋簳（竿）劲，虏阵精且强。天子案（按）剑怒，使者遥相望。雁行缘石迳（径），鱼贯渡飞梁。箫鼓流汉思，旌甲被胡霜。疾风冲塞起，沙砾自飘扬。马毛缩如蝟，角弓不可张。时危见臣节，世乱识忠良。投躯报明主，身死为国殇。

出自薊門北行

羽檄起邊亭烽火入咸陽徵騎屯廣武
分兵救朔方嚴秋筋幹勁虜陣精且
彊天子案劍怒使者遥相望鴈行緣
石逕魚貫渡飛梁簫鼓流漢思旌甲
被胡霜疾風衝塞起沙礫自飄揚馬
毛縮如蝟角弓不可張時危見臣節世
乱識忠良投軀報明主身死為國殤

出自薊門北行

羽檄起邊亭烽火入咸陽徵騎屯廣武分兵救朔方嚴秋筋竿勁虜陣精且彊天子案劍怒使者遥相望鴈行緣石逕魚貫渡飛梁簫鼓流漢思旌甲被胡霜疾風衝塞起沙礫自飄揚馬毛縮如蝟角弓不可張時危見臣節世乱識忠良投軀報明主身死為國殤

結客少年場行

驄馬金絡頭錦帶珮吳鉤失意杯酒間白刃起相讎追兵一旦至負劍遠行遊去鄉卅載復得還舊丘升高臨四關表裏望皇州九衢平若水雙闕似雲浮扶宮羅將相夾道列王侯日中市朝滿車馬如川流擊鍾陳鼎食方駕自相求今我獨何為埳壈懷百憂

结客少年场行

P. 2554

《结客少年场行》是法藏敦煌文献 P.2554 敦煌本《文选》残卷鲍明远《乐府八首》之一，描写了任侠少年尚武的性格和热衷骑射饮宴的侠义豪情。

骢马金络头，锦带佩吴钩。失意杯酒间，
白刃起相雠。追兵一旦至，负剑远行游。
去乡卅载，复得还旧丘。升高临四关，
表里望皇州。九衢平若水，双阙似云浮。
扶宫罗将相，夹道列王侯。日中市朝满，
车马如川流。击钟陈鼎食，方驾自相求。
今我独何为，坎壈怀百忧。

結客少年場行
驄馬金絡頭錦帶珮吳鉤失意杯酒間
白刃起相讎追兵一旦至負劍遠行遊
去鄉卅載復得還舊丘升高臨四關表
裏望皇州九衢平若水雙闕似雲浮扶
宮羅將相夾道列王侯日中市朝滿車
馬如川流擊鍾陳鼎食方駕自相求今
我獨何為埳壈懷百憂

参考资料

成恩元：《敦煌碁经笺证》，成都：蜀蓉棋艺出版社，1990 年版。

丛　振：《敦煌游艺文化研究》，北京：中国社会科学出版社，2019 年版。

董艳秋：《敦煌宫词研究》，四川大学博士论文，2004 年。

冯培红：《敦煌的归义军时代》，兰州：甘肃教育出版社，2013 年版。

伏俊琏，等：《敦煌文学总论》（修订本），上海：上海古籍出版社，2019 年版。

伏俊琏，等：《敦煌文学写本研究》，上海：上海古籍出版社，2021 年版。

高国藩：《敦煌民俗学》，上海：上海文艺出版社，1989 年版。

高启安：《唐五代时期敦煌的宴饮"赌射"——敦煌文献 P.3272 卷"射羊"一词小解》，《甘肃社会科学》，2011 年第 6 期，第 207–211 页。

高启安：《信仰与生活：唐宋间敦煌社会诸相探赜》，兰州：甘肃教育出版社，2014 年版。

高启安：《"羖羊"及敦煌羊只饲牧方式论考》，《西北民族大学学报》（哲学社会科学版），2013 年第 2 期，第 39–47 页。

贺　忠：《唐王建 < 宫词 > 笺证》，复旦大学博士论文，2006 年。

胡同庆：《敦煌传统游戏寻踪》，北京：文物出版社，2021 年版。

黄　征、吴　伟：《敦煌愿文集》，长沙：岳麓书社，1995 年版。

黄　征、张涌泉：《敦煌变文校注》，北京：中华书局，1997 年版。

刘　建：《中国文化与东方文化》，北京：新世界出版社，2017 年版。

暨远志：《张议潮出行图研究——兼论唐代节度使旌节制度》，《敦煌研究》，1991 年第 3 期，第 28–40 页。

暨远志：《论唐代打马球——张议潮出行图研究之三》，《敦煌研究》，1993 年第 2 期，第 26–36 页。

暨远志：《唐代马球运动的兴起与发展》，周天游：《唐墓壁画研究文集》，西安：三秦出版社，2006 年版，第 67–76 页。

姜伯勤：《敦煌音声人略论》，《敦煌研究》，1988 年第 4 期，第 1–9 页。

金少华：《敦煌吐鲁番本 < 文选 > 辑校》，杭州：浙江大学出版社，2017 年版。

李　军：《晚唐归义军节度使张淮深再收瓜州史事钩沉》，《陕西师范大学学报》（哲学社会科学版），2015 年第 2 期，第 64–71 页。

李正宇：《归义军乐营的结构与配置》，《敦煌研究》，2000 年第 3 期，第 73–79 页。

李正宇：《敦煌学导论》，兰州：甘肃人民出版社，2008 年版。

李正宇：《古本敦煌乡土志八种笺证》，兰州：甘肃人民出版社，2008 年版。

刘长东：《孔子项托相问事考论——以敦煌汉文本 < 孔子项托相问书 > 为中心》，《四川大学学报》（哲学社会科学版），2003 年第 2 期，第 61–71 页。

刘进宝：《敦煌学通论》（增订本），兰州：甘肃教育出版社，2019 年版。

马　德：《陇上学人文存 · 马德卷》，兰州：甘肃人民出版社，2022 年版。

任二北：《敦煌曲校录》，太原：山西人民出版社，2018 年版。

荣新江：《归义军史研究——唐宋时代敦煌历史考索》，上海：上海古籍出版社，2015 年版。

王重民：《敦煌曲子词集》，北京：商务印书馆，1950 年版。

王重民：《敦煌古籍叙录》，北京：商务印书馆，1958 年版。

王永平：《游戏、竞技与娱乐》，北京：中华书局，2010 年版。

王志鹏：《敦煌 < 韩擒虎话本 > 的小说史意义论略》，兰州城市学院中国古代小说戏剧研究所：《中国古代小说戏剧研究》（第 17 辑），北京：学苑出版社，2022 年版，第 35–44 页。

吴格言：《张淮深题材系列作品研究》，《中国社会科学院研究生院学报》，2004 年第 3 期，第 98–104 页。

吴格言：《敦煌归义军文学研究》，北京：蓝天出版社，2011 年版。

吴丽娱：《敦煌书仪与礼法》，兰州：甘肃教育出版社，2013 年版。

唐耕耦、陆宏基：《敦煌社会经济文献真迹释录》（第三辑），北京：全国图书馆文献缩微复制中心，1990 年版。

项　楚：《敦煌诗歌导论》，北京：中华书局，2019 年版。

项　楚：《敦煌文学丛考》，北京：中华书局，2019 年版。

项　楚：《敦煌变文选注》，北京：中华书局，2019 年版。

项　楚：《敦煌歌辞总编匡补》，北京：中华书局，2019 年版。

项　楚：《王梵志诗校注》，上海：上海古籍出版社，2010 年版。

颜廷亮：《敦煌文学》，兰州：甘肃人民出版社，1989 年版。

杨秀清：《张议潮出走与张淮深之死——张氏归义军内部矛盾新探》，《敦煌研究》，1996 年第 4 期，第 74–79 页。

张鸿勋：《<孔子项托相问书>传承研究》，《民间文学论坛》，1986 年第 6 期，第 35–43 页。

张锡厚：《敦煌文学源流》，北京：作家出版社，2000 年版。

张锡厚：《全敦煌诗》，北京：作家出版社，2006 年版。

赵和平：《敦煌表状笺启书仪辑校》，南京：江苏古籍出版社，1997 年版。

郑阿财：《敦煌佛教文学》，兰州：甘肃教育出版社，2013 年版。

郑炳林：《敦煌本<张淮深变文>研究》，《西北民族研究》，1994 年第 1 期，第 142–155 页。

钟书林：《<敦煌愿文集>之<儿郎伟>校补》，《敦煌学辑刊》，2009 年第 3 期，第 114–119 页。

周绍良：《敦煌文学“儿郎伟”并跋》，文化部文物局古文献研究室：《出土文献研究》，北京：文物出版社，1985 年版，第 175–183 页。

周一良：《周一良学术论著自选集》，北京：首都师范大学出版社，1995 年版。

后　记

前些年，在阅读中国古代体育史尤其是敦煌古代体育资料时，不时看到资料的编者引用敦煌遗书的体育文献，但是所看到的，多数是印刷的规范汉字，却很少能够看到这些文献的原始面貌——这也太不过瘾了！

出自职业研究者的偏好，我逐渐萌生一个想法：搜集资料，按照古代体育项目，分门别类地将敦煌遗书的体育文献加以初步整理，编出一本原始资料集，既能以图片形式呈现敦煌遗书体育文献的本来面貌，又能给出相对应的录文和简略的校注，同时对文献的背景、价值和涉及的古代体育项目的来龙去脉加以一定的说明。

在以往积累的基础上，经过一年多的准备，这部小书终于要问世了，希望它既能对专业的研究者提供帮助，也能引起喜爱敦煌文化和古代体育的读者的兴趣。

在编纂的过程中，作为敦煌学的一个新兵，我深切感受到敦煌学的博大精深和开展深入研究的挑战和艰难。由于编者学力不逮，本书在很大程度上是不完善的，真诚希望有关专家学者能够指出书中的不足。

感谢四川美术出版社领导的支持，感谢责任编辑张慧敏女士的耐心和细心，感谢设计师李中果先生的精心付出，感谢评阅人的审读和指正。

郭红卫（博士、教授、体育史学者）

2024年2月

敦

煌

图书在版编目（CIP）数据

敦煌遗书古代体育文献整理 / 郭红卫整理、校注. 成都：四川美术出版社，2025. 1. — ISBN 978-7-5740-1328-5

Ⅰ. G812.92

中国国家版本馆 CIP 数据核字第 202454V84Q 号

敦煌遗书古代体育文献整理

DUNHUANG YISU GUDAI TIYU WENXIAN ZHENGLI

郭红卫 整理 校注

策　　划：张慧敏

责任编辑：张慧敏　杨　东　田倩宇

责任校对：高　远

责任印制：杨纯鉴

封面图片：白画相扑稿，法国国家图书馆藏敦煌文献编号 P.2002V，局部

书籍设计：李中果　华　伟　严小华

出版发行：四川美术出版社
成都市锦江区三色路 238 号

印　　刷：成都市东辰印艺科技有限公司

成品尺寸：155mm × 230mm

印　　张：11

字　　数：160 千

版　　次：2025 年 1 月第 1 版

印　　次：2025 年 1 月第 1 次印刷

书　　号：ISBN 978-7-5740-1328-5

定　　价：188.00 元

2021 年四川省重点出版项目专项补助项目